AQA GCSE german

Grammar Workbook

Michael Spencer

OXFORD

OXFORD
UNIVERSITY PRESS

Great Clarendon Street, Oxford OX2 6DP

Oxford University Press is a department of the University of Oxford.

It furthers the University's objective of excellence in research,
scholarship, and education by publishing worldwide in

Oxford   New York

Auckland   Cape Town   Dar es Salaam   Hong Kong   Karachi
Kuala Lumpur   Madrid   Melbourne   Mexico City   Nairobi
New Delhi   Shanghai   Taipei   Toronto

With offices in

Argentina   Austria   Brazil   Chile   Czech Republic   France   Greece
Guatemala   Hungary   Italy   Japan   South Korea   Poland   Portugal
Singapore   Switzerland   Thailand   Turkey   Ukraine   Vietnam

Oxford is a registered trade mark of Oxford University Press
in the UK and in certain other countries

© Oxford University Press 2009

The moral rights of the author have been asserted

Database right Oxford University Press (maker)

First published 2009

All rights reserved. No part of this publication may be reproduced,
stored in a retrieval system, or transmitted, in any form or by any
means, without the prior permission in writing of Oxford University
Press, or as expressly permitted by law, or under terms agreed
with the appropriate reprographics rights organization. Enquiries
concerning reproduction outside the scope of the above should be
sent to the Rights Department, Oxford University Press, at the
address above

You must not circulate this book in any other binding or cover
and you must impose this same condition on any acquirer

British Library Cataloguing in Publication Data

Data available

ISBN 978 019 913891 3

10 9 8 7 6 5 4 3 2 1

Printed in Great Britain by Ashford Colour Press Ltd

Paper used in the production of this book is a natural,
recyclable product made from wood grown in sustainable forests.
The manufacturing process conforms to the environmental regulations
of the country of origin.

Acknowledgements
Cover image: Erik Isakson/Getty

The authors and publishers would like to thank Katie Lewis and
Marion Dill for their help and advice.

Every effort has been made to contact copyright holders of material
reproduced in this book. If notified, the publishers
will be pleased to rectify any errors or omissions at the
earliest opportunity.

Contents

Cases
- Nominative — 4
- Accusative — 5
- Genitive — 6
- Dative — 7

Nouns
- What is a noun? — 8
- Gender — 8
- Singular and plural — 9
- Nouns from adjectives — 10
- Weak nouns — 10

Determiners
- What is a determiner? — 11
- Definite article ('the') — 11
- Indefinite article ('a') and 'no' — 11
- Possessive adjectives ('my', 'your' etc.) — 12
- *dieser, jener, jeder* ('this', 'that', 'every') — 13
- Interrogative adjective ('which') — 13

Prepositions
- What is a preposition? — 14
- Prepositions with the accusative case — 14
- Prepositions with the dative case — 15
- Prepositions with either accusative or dative case — 16
- Prepositions with the genitive case — 18
- Verbs with prepositions — 19

Adjectives
- What is an adjective? — 20
- Adjectives used after a noun — 20
- Adjectives with the definite article — 21
- Adjectives with the indefinite article — 22
- Adjectives with no determiner — 23
- Adjectives used as nouns — 24
- Comparative adjectives — 25
- Superlative adjectives — 26

Adverbs
- What is an adverb? — 27
- Comparative and superlative adverbs — 27
- Liking and preferring — 28
- Interrogative adverbs — 29
- Adverbial phrases of time and place — 30
- Intensifiers — 31

Pronouns
- What is a pronoun? — 32
- Personal pronouns — 33
- Reflexive pronouns — 34
- Indefinite pronouns — 35
- Interrogative pronouns — 35
- Relative pronouns — 35

Verbs
- What is a verb? — 37
- Formal and informal usage — 37
- Questions — 38
- Negative — 38
- Modal verbs — 39
- Impersonal verbs — 40
- Separable and inseparable verbs — 41
- Reflexive verbs — 43
- Tenses — 45
    - Present tense — 45
        - Weak (regular) verbs — 45
        - Strong (irregular) verbs — 46
    - Perfect tense — 48
    - Imperfect tense (simple past) — 53
    - Pluperfect tense — 55
    - Future tense — 56
    - The conditional — 57
- Constructions with the infinitive — 58
- The imperative — 59
- Summary of verb type usage — 60

Word order
- Main clauses — 61
- Time – Manner – Place — 62
- Joining sentences – coordinating conjunctions — 63
- Subordinating conjunctions — 63
- Relative clauses — 65
- Infinitives — 66
- Past participles — 66

Numbers, quantity, dates and times
- Numbers — 67
    - Ordinal numbers — 68
- Quantity — 68
- Dates — 69
- Times — 70

Strong and irregular verbs — 71

Verb guide
- Weak verbs — 74
- Strong verbs with *haben* — 75
- Strong verbs with *sein* — 76
- Separable and inseparable verbs — 77
- Reflexive verbs — 78
- Modal verbs — 79
- Auxiliary verbs: *haben, sein, werden* — 80

Cases

> **TIPP**
>
> There are four cases in German – nominative, accusative, genitive and dative. They show what part a noun or pronoun plays in a sentence. Nouns and pronouns, along with any other words that accompany them (determiners, adjectives etc.), sometimes change their form to show what case they are in.

1 Underline the nouns in one colour and the pronouns in another colour in the following sentences.

   a Ich habe ein tolles Zimmer, wo ich meine Hausaufgaben mache.
   b Mein Bruder hat ein ziemlich kleines Zimmer mit einem Einbauschrank.
   c Er hört dort Musik und ich spiele mit ihm am Computer.
   d Wir haben eine große Küche, wo ich immer frühstücke.
   e Wir haben auch einen schönen Garten mit vielen Blumen.
   f Wir haben zwei Hunde. Jeden Tag gehe ich mit ihnen spazieren.
   g Nach dem Abendessen sehe ich meistens ein bisschen fern.

Nominative

> **TIPP**
>
> Use the **nominative case** for the subject of a verb. The subject is the person or thing 'doing' the action of the verb.

2 Underline the words that are the subject of these sentences.

   a Mein Bruder hat viele Filme.
   b Ich sehe deine Schwester im Park.
   c Machst du deine Hausaufgaben?
   d Unsere Großeltern haben ein schönes Haus.
   e Thomas hat sein neues Buch schon gelesen.
   f Wo ist dein Zimmer?
   g Normalerweise kommen Mutti und Vati um 18 Uhr nach Hause.
   h Nach der Schule sehen mein Bruder und ich fern.

> **TIPP**
>
> Always use the nominative case after the verbs *sein*, *werden* and *bleiben*.

3 Choose the correct word from the pair given in brackets.

   a Das ist (mein/meinen) älterer Bruder.
   b Er wird ein (berühmten/berühmter) Fußballspieler.
   c Anja und Lena sind (unsere/unseren) besten Freundinnen.
   d Max ist nett, aber Thomas bleibt (mein/meinen) bester Freund.
   e Meine Schwester ist (keine/kein) schlechte Tennisspielerin geworden, finde ich.
   f Sie war früher (eine/einer) bekannte Sportlerin.

4 Write down four different subject pronouns and four noun phrases in the nominative case as prompted in brackets. Then write a sentence for each of the words and phrases.

   pronouns   noun phrases
   e.g. *ich*   *mein bester Freund*

   a _____   e _____
   b _____   f _____
   c _____   g _____
   d _____   h _____

   a _____
   b _____
   c _____
   d _____
   e _____
   f _____
   g _____
   h _____

Accusative

TIPP

The **accusative case** is used for the direct object of a verb. The direct object is the person or thing having the action of the verb 'done' to it.

Remember that some verbs do not have a direct object, e.g. verbs of motion.

TIPP

Always use the accusative case after these prepositions:
- durch — through
- für — for
- gegen — against (position, versus)
- ohne — without
- um — around, about
- wider — against (contrary to)
- entlang — along

(See page 14 for further practice.)

1 Underline the words that are the direct object of these sentences.
   a Meine Schwestern haben viele Computerspiele.
   b Ich sehe deinen Bruder in der Sporthalle.
   c Warum macht ihr eure Hausaufgaben nicht?
   d Unsere Freunde werden ein schönes Haus kaufen.
   e Ich habe das große Buch schon gelesen.
   f Hat Max diese CD schon gehört?
   g Im Sommer spiele ich sehr gern Tennis.
   h Zum Geburtstag hat mir meine Tante eine Jacke gegeben.
   i Heike fährt in die Stadt und kauft sich einen Pullover.
   j Sie ist ins Kaufhaus gegangen, hat aber nichts Passendes gefunden.

TIPP

Many time phrases are in the accusative case.

2 Translate these phrases into German.
   a last week   letzt_____ W_____
   b next Tuesday   nä_____ D_____
   c next month   n_____ M_____
   d last Friday   le_____ F_____
   e last year   _____ J_____

3 Translate into English.
   a für meinen Vater   _____
   b durch die Stadt   _____
   c ohne sein Fahrrad   _____
   d die Hauptstraße entlang _____
   e gegen die Wand   _____
   f um den Parkplatz   _____

TIPP

You use the accusative case after these prepositions if there is a change of place or state involved:
- an — at, on(to)
- auf — on(to)
- hinter — behind
- in — in(to)
- neben — next to, near
- über — over
- unter — under
- vor — before, in front of
- zwischen — between

(See page 16 for further practice.)

4 Underline the phrases that are in the accusative case.
   a Bitte stell die Bücher auf den Tisch!
   b Das Schwimmbad ist neben dem Stadion am Stadtrand.
   c Wir gehen gleich in die Sporthalle.
   d Es ist schwierig, wenn man immer im Restaurant essen muss.
   e Vor dem Rathaus gehst du über eine Brücke.
   f Die meisten Menschen werden beim Himalaya an die hohen Berge denken.

Genitive

TIPP

The **genitive case** is used to show possession ('of').
You usually have to express things differently from English, e.g. to say 'my friend's car' you turn it around to be 'the car of my friend' (*das Auto meines Freundes*).

1 Translate into English.

a der Titel des Buches _____

b die Stimme des Lehrers _____

c das Auto meiner Mutter _____

d der Tennisspieler des Jahres _____

e der Anfang der Prüfungen _____

TIPP

Masculine and neuter nouns both add *-s* or *-es* in the genitive singular.

2 Look at the examples in Exercise 1 and complete the explanation.

Masculine and neuter nouns which have one _____ add *-es* in the genitive singular.

Add just *-s* in the genitive _____ for masculine and neuter nouns with _____ or more _____ .

_____ and plural nouns do not change in the genitive case.

| Feminine | singular | syllable | syllables | two |

3 Rewrite these phrases in English, then translate them into German.

e.g. my friend's car = the car of my friend = *das Auto meines Freundes*

a my sister's bike = _____

= _____

b his grandparents' house = _____

= _____

c this school's motto = _____

= das Motto _____

d he has his brother's computer

= _____

= er hat den _____

e in my friend's car = _____

= mit _____

TIPP

For proper names, showing possession is almost like English, but there is not usually an apostrophe:

Peters Buch, Frau Westermanns Auto

You sometimes need to use an apostrophe to avoid confusion, e.g. to show whether a book belongs to Andrea or Andreas:

Andrea's Deutschbuch; Andreas' Deutschbuch

Use the genitive case after these prepositions:

außerhalb	outside
statt	instead of
trotz	despite
während	during
wegen	because of

(See page 18 for further practice using these prepositions.)

4 Choose one of the above prepositions to fill each gap.

a Wir wohnen etwas _____ der Stadt.

b Das Spiel war _____ des schlechten Wetters total ruiniert.

c Was machst du _____ der Pause?

d _____ des schlechten Wetters haben wir viel Spaß gehabt.

e Er nimmt seine Freundin _____ seiner kleinen Schwester mit.

Dative

TIPP

Use the **dative case** for the indirect object of a verb. The indirect object conveys the idea of 'to' or 'for' someone, e.g. He gave (to) him a book – *Er hat ihm ein Buch gegeben.*

1 Match the German to the English. Then underline the indirect object in each sentence.

1 Der Koch gab der Katze einen Fisch.
2 Frau Fischer kauft mir eine Katze.
3 Ich erzähle den Kindern eine Geschichte.
4 Er schrieb dem Direktor einen Brief.
5 Schickst du deinem Freund eine E-Mail?
6 Gib der Dame deine E-Mail-Adresse!

a I'm telling the children a story.
b Are you sending your friend an email?
c He wrote the headmaster a letter.
d The cook gave the cat a fish.
e Give the lady your email address.
f Mrs Fisher is buying me a cat.

TIPP

Always use the dative case after these prepositions:

aus	out of
außer	except for
bei	at the house of
mit	with, by
nach	to (place), after (time)
seit	since, for (time)
von	from, of, by
zu	to, at
gegenüber	opposite

(See page 15 for further practice.)

2 Translate into English.

a mit meinen Freunden _____
b gegenüber der Bank _____
c nach einer Stunde _____
d aus dem Garten _____
e bei unserer Oma _____
f die Mutter von meiner Freundin _____

TIPP

You sometimes use the dative case after these prepositions, usually if there is *no* change of place or state involved:

an	at, on(to)
auf	on(to)
hinter	behind
in	in(to)
neben	next to, near
über	over
unter	under
vor	before, in front of
zwischen	between

(See page 15 for further practice.)

3 Underline the phrases that are in the dative case.

a Das Restaurant war hinter dem Rathaus.
b Als Skilehrer bin ich stundenlang auf den Pisten.
c Lies diese Broschüre über gesundes Essen!
d Wir stehen vor dem Kino und warten.
e Ich freue mich auf die Sommerferien.
f Sein Foto hängt an der Wand.

TIPP

Use the dative case after certain verbs where you might have expected a direct object, e.g. *passen* (to fit, to suit), *helfen* (to help), *gefallen* (to please, 'like'), *glauben* (to believe someone), *folgen* (to follow), *danken* (to thank).

4 Underline the dative case in each sentence, then, on separate paper, translate into English.

a Der blaue Rock passt meiner Schwester nicht.
b Ich glaube dir nicht!
c Wir dankten dem Gruppenleiter.
d Kannst du mir bitte helfen?
e Er folgte den Spielern ins Stadion.
f Diese Geschichte gefällt mir nicht.

Nouns

What is a noun?

TIPP

A **noun** is the name of a person, place or thing. If you can put 'the' or 'a' in front of a word, then it is a noun. In German, all nouns must begin with a capital letter.

1 Circle the nouns and translate them into English.

a Beruf _____   g Hauptstraße _____
b böse _____   h Informatik _____
c danken _____   i leicht _____
d Empfangsdame _____   j Schlafsack _____
e funktionieren _____   k weniger _____
f Größe _____   l Zwiebel _____

Gender

TIPP

In German, all nouns have a **gender**. There are three genders in German – masculine, feminine and neuter.

For people this is usually an easy rule to follow: *Bruder, Mann, Vater, Direktor, Arzt* are masculine; *Schwester, Frau, Mutter, Direktorin, Ärztin* are feminine. There are some exceptions: *Mädchen, Fräulein, Baby* are all neuter. This is because of the kind of word and not because of the person.

For things and ideas, you need to learn the gender of each noun. There are some typical endings that make this easier.

Masculine (der)	Feminine (die)	Neuter (das)
-er	-e	-chen
-ig	-in, -ion	-lein
-ist	-ik	-um, -ium
-ant	-heit, -keit	many ending -el, -en
-us, -ismus	-schaft	many adopted from other languages
some ending -el, -en	-ung	many beginning Ge-

2 Write *der*, *die* or *das* in front of the following nouns without looking them up. Then check in a dictionary to see whether you are correct.

a _____ Fabrik   g _____ Seekrankheit
b _____ Gemüse   h _____ Nation
c _____ Prüfung   i _____ Zentrum
d _____ Mädchen   j _____ Verkäuferin
e _____ Schule   k _____ Einladung
f _____ Bäcker   l _____ Freundschaft

TIPP

If two or more words are joined together to make a compound noun, the last part of the word decides the gender, e.g. *der Sport + das Geschäft = das Sportgeschäft*.

3 In each group of words, underline the one that has a different gender from the others. Check that you know the meaning of all the words.

a Mutter, Vater, Tochter, Schwester
b Gepäck, Gemüse, Gebäude, Geburtstag
c Kindheit, Krankenhaus, Krankheit, Gesundheit
d Ingenieurin, Polizist, Gemüsehändler, Tennisspieler
e Hähnchen, Würstchen, Hase, Kaninchen
f Ordnung, Restaurant, Operation, Musik
g Gebiet, Gehalt, Geige, Geschäft
h Skigebiet, Skischule, Skilehrerin, Skihose

Singular and plural

TIPP

Nouns in German form the **plural** in different ways. There are some patterns to this.

1 Try to add an example to each category listed.

a Most feminine nouns add -n, -en or -nen:

die Pflanze, die Pflanze**n** _____

die Prüfung, die Prüfung**en** _____

die Lehrerin, die Lehrerin**nen** _____

b Most masculine nouns add -e. Many put an Umlaut on the main vowel as well:

der Arm, die Arm**e** _____

der Stuhl, die Stühl**e** _____

c Most neuter nouns add -er and put an Umlaut on the main vowel:

das Schloss, die Schlöss**er** _____

d Many foreign words add -s:

das Büro, die Büro**s** _____

e Most masculine and neuter nouns ending in -el, -en, -er, -chen and -lein stay the same:

der Onkel, die Onkel _____

das Mittel, die Mittel _____

der Wagen, die Wagen _____

das Treffen, die Treffen _____

der Lehrer, die Lehrer _____

das Zimmer, die Zimmer _____

das Kaninchen, die Kaninchen _____

f Some masculine nouns ending in -el, -en, -er just add an Umlaut:

der Vater, die V**ä**ter _____

g Neuter nouns ending in -um change this to -en:

das Zentrum, die Zentr**en** _____

2 Write these nouns in the plural. Check in a dictionary.

a das Meerschweinchen _____

b die Karte _____

c das Fach _____

d der Schläger _____

e das Baby _____

f der Geburtstag _____

g der Hügel _____

h die Köchin _____

i das Gasthaus _____

j der Fuß _____

k die Zeitung _____

3 Write these nouns in the singular and give the gender. Check in a dictionary.

a Bahnhöfe der _____

b Digitalkameras die _____

c Stiefel _____

d Übernachtungen _____

e Turnschuhe _____

f Verkäuferinnen _____

g Würstchen _____

h Katzen _____

i Daten _____

j Autofahrer _____

k Jugendzentren _____

TIPP

In the dative plural, all nouns add an extra -n or -en to the plural form (unless they already end in -n or -s).

4 Write these phrases in the plural.

a mit dem Hund mit den _____

b aus dem Haus _____

c in der Schule _____

d von diesem Mädchen _____

e hinter dem Hotel _____

Nouns from adjectives

TIPP

In German, nouns can be made from **adjectives**:
deutsch – ein Deutscher (German – a German),
gut – das Gute (good – the good), *jugendlich – die Jugendlichen* (youthful – young people).

1 Underline the adjectival noun in each sentence and state what case each one is in (**N, A, G** or **D**).

a Hast du den Alten gesehen? _____

b Die Armen haben heute eine Prüfung. _____

c Wir fahren mit Verwandten nach Berlin. _____

d Er möchte eine Reiche kennenlernen. _____

e Ich kenne viele Deutsche. _____

f Er hat dem Beamten seinen Pass gezeigt. _____

TIPP

These nouns are often made from the superlative form of the adjective: *das Beste* (the best), *das Schlechteste* (the worst), *das Längste* (the longest).

2 Write the adjective from which each noun has been formed and also its meaning:

e.g. *das Längste – lang – long*

a das Wichtigste _____

b das Interessanteste _____

c der Größte _____

d die Kleinsten _____

e die Toten _____

3 Form nouns from these adjectives. (See pages 21–23 for help with the adjective endings.)

a bekannt (*a male acquaintance*) ein _____

b deutsch (*the Germans*) _____

c krank (*a sick man*) _____

d weiß (*the white one (rabbit)*) _____

e fremd (*a foreign girl*) _____

f klug (*the clever lady*) _____

Weak nouns

TIPP

Some masculine nouns are known as **'weak' nouns**. They add *–n* or *–en* in all except the nominative singular. Weak nouns are usually people and occasionally animals. They often designate men in particular positions or professions: e.g. *Herr, Junge, Mensch, Neffe, Affe, Löwe, Kollege, Kamerad, Student, Polizist, Tourist, Name*.
They follow the pattern shown in the following table.

	Singular	Plural
Nominative	der Junge/Student	die Jungen/Studenten
Accusative	den Jungen/Studenten	die Jungen/Studenten
Genitive	des Jungen/Studenten	der Jungen/Studenten
Dative	dem Jungen/Studenten	den Jungen/Studenten

4 Complete the sentences with the correct endings for the weak nouns (if they need an ending).

a Der Student____ hat seinem Kamerad____ eine Postkarte geschickt.

b Er gibt Herr____ Büddig sein Heft.

c Sein Neffe____ ist der Sohn eines Kollege____.

d Unter den Tourist____ haben wir einen berühmten Mensch____ gesehen.

e Im Zoo haben wir einen Bär____, viele Affe____ und einen Löwe____ gefüttert.

f Der Junge____ hat den Name____ eines anderen Student____ geschrieben.

Determiners

What is a determiner?

TIPP

A **determiner** is a word like 'the', 'a', 'my', 'this' when used in front of a noun. It changes according to the gender, number and case of the noun.

Definite article ['the']

TIPP

The words for 'the' (**definite article**) follow the pattern in the table.

1 Use the sentences beneath the table to help complete it.

	Masculine	Feminine	Neuter	Plural
Nominative	der		das	
Accusative		die		die
Genitive	des	der		der
Dative			dem	

a Die Schule endet um 13 Uhr.
b Die Farbe des Autos gefällt mir.
c Nimm das Glas und trink den Saft.
d Die Kinder essen gern Gemüse.
e Ich wohne in der Stadtmitte und fahre immer mit dem Bus.
f In den Supermärkten kann man fast alles kaufen.

TIPP

Sometimes, a definite or indefinite article is used in English when one is not needed in German:
- with professions and nationalities (unless there is an adjective): *Sie ist Ärztin* (aber *Sie ist eine gute Ärztin*)
- with musical instruments: *Spielst du Klavier?*
- with some expressions for illness: *Ich habe Fieber/ Magenschmerzen.*

Indefinite article ['a'] and 'no'

TIPP

The words for 'a' (**indefinite article**) follow the pattern given in the table. There is no plural of 'a' but *kein* ('not a', 'no') follows the same pattern and it does have a plural.

	Masculine	Feminine	Neuter	Plural
Nominative	ein/kein	eine/keine	ein/kein	keine
Accusative	einen/keinen	eine/keine	ein/kein	keine
Genitive	eines/keines	einer/keiner	eines/keines	keiner
Dative	einem/keinem	einer/keiner	einem/keinem	keinen

2 Complete the sentences with the correct form of *ein* and *kein*. To help you, the gender (m, f, n) and case (N, A, G, D) are given in brackets.

a Es gibt e_____ Konzert in der Mitte e_____ Parks. (n A, m G)

b Man spielt „E_____ kleine Nachtmusik" von Mozart. (f A)

c Ich gehe mit e_____ Gruppe aus e_____ Musikverein dorthin. (f D, m D)

d Ich spiele k_____ Instrument, aber Musik gefällt mir. (n A)

e Ich höre k_____ Rock und k_____ Technobands. (m A, pl A)

3 Translate into German.

a She is *a* German. _____

b Herr Schmidt is *a* baker. _____

c I play *the* clarinet. _____

d Have you got *a* temperature? _____

e She has *a* headache. _____

Possessive adjectives ('my', 'your' etc.)

TIPP

Possessive adjectives are *mein* (my), *dein* (your), *sein* (his, its), *ihr* (her, its, their), *unser* (our), *euer* (your) and *Ihr* (your). They follow the same pattern as *ein* and *kein*.

Note that when using *euer*, the second –e– is usually missed out in all except the masculine nominative and the neuter nominative and accusative.

TIPP

To sum up how to say 'your':
- Use *dein* for people you address as *du* (familiar form singular).
- Use *euer* for the familiar plural (people you address as *ihr*).
- Use *Ihr* for the polite form (people you address as *Sie*).

See page 37 for further practice.

1 Complete the tables.

	Masculine	Feminine	Neuter	Plural
Nominative	mein			meine
Accusative				
Genitive				
Dative				

	Masculine	Feminine	Neuter	Plural
Nominative	ihr			ihre
Accusative				
Genitive				
Dative				

	Masculine	Feminine	Neuter	Plural
Nominative	unser			unsere
Accusative				
Genitive				
Dative				

	Masculine	Feminine	Neuter	Plural
Nominative	euer	eure		eure
Accusative	euren			eure
Genitive				
Dative				

2 Translate into German (nominative case).

a my house _____
b his mother _____
c your (*du* form) friends _____
d her parents _____
e our school _____
f their money _____
g your (*Sie* form) job _____
h its (= the cat's) toy _____
i its (= the dog's) rug _____
j your (*ihr* form) books _____

3 Choose three of the phrases in Exercise 2 and put each of them into a sentence using a different case each time:

e.g. (dative) (**a**) *Ich habe sechs Zimmer in <u>meinem Haus</u>.*

(accusative) _____

(genitive) _____

(dative) _____

dieser, jener, jeder ['this', 'that', 'every']

TIPP

The determiners **dieser** (this), **jener** (that) and **jeder** (each, every) follow a similar pattern to *der*.

1 Complete the tables. The sentences that follow them will help you. Then translate each sentence into English.

	Masculine	Feminine	Neuter	Plural
Nominative	dieser		dieses	
Accusative		diese		diese
Genitive	dieses	dieser	dieses	dieser
Dative	diesem			

	Masculine	Feminine	Neuter	Plural
Nominative		jene		
Accusative	jenen			
Genitive		jener	jenes	
Dative			jenem	jenen

	Masculine	Feminine	Neuter
Nominative		jede	jedes
Accusative			
Genitive		jeder	jedes
Dative	jedem		

a Jede Woche lernen wir etwas Neues aus diesem Buch.

b Es ist in jedem guten Geschäft zu kaufen.

c Hast du dieses Magazin schon gelesen?

d Jeder Schüler in jeder Schule soll diesen Film sehen.

e Diese Vorstellung ist nicht für jedes Kind geeignet.

f Die Eltern jedes Schülers in dieser Gruppe entscheiden.

g Diese armen Leute arbeiten jeden Tag in diesen Ländern.

h Ich bin in jener Kleinstadt aufgewachsen.

Interrogative adjective ['which']

TIPP

The **interrogative adjective** *welcher* (which) is used in questions. It follows the same pattern as *dieser*.

	Masculine	Feminine	Neuter	Plural
Nominative	welcher	welche	welches	welche
Accusative	welchen	welche	welches	welche
Genitive	welches	welcher	welches	welcher
Dative	welchem	welcher	welchem	welchen

2 Complete the questions with the correct form of *welcher* each time. The case (N, A, G, D) is given to help you.

a W_____ Produkte sind billig? (N)

b W_____ Sportart ziehst du vor? (A)

c W_____ Film habt ihr gestern gesehen? (A)

d Mit w_____ Bus fahren wir in die Stadt? (D)

e In w_____ Geschäften kaufst du am liebsten ein? (D)

f W_____ Kind hat die beste Stimme? (N)

g Aus w_____ Grund sagst du das? (D)

h Durch w_____ Eingang sind Sie gekommen? (A)

Prepositions

What is a preposition?

TIPP

Prepositions are words that say something about the position of a noun or pronoun. They change the case of the noun or pronoun. It is often difficult to give one translation for prepositions and they are best learnt as phrases:

mit meinem Freund – **with** my friend

mit dem Bus – **by** bus

1 Underline the prepositions (in English and German), draw lines to join the pairs, then write which case (A, G, D) is used with each German preposition.

e.g. I'm going by car.
1. We drove through the town.
2. It's on the table.
3. because of the rain
4. without my mother
5. He's sitting between the trees.
6. instead of my brother
7. a book by my uncle
8. before the game
9. Come after lunch.
10. Jump into the lake!
11. in my opinion

a statt meines Bruders ____
b wegen des Regens ____
c Ich fahre mit dem Auto. _D_
d meiner Meinung nach ____
e Komm nach dem Mittagessen! ____
f Es ist auf dem Tisch. ____
g Spring in den See! ____
h Er sitzt zwischen den Bäumen. ____
i Wir fuhren durch die Stadt. ____
j ohne meine Mutter ____
k vor dem Spiel ____
l ein Buch von meinem Onkel ____

Prepositions with the accusative case

TIPP

These prepositions are **always** followed by the **accusative case**:

durch	through
für	for
gegen	against (position, versus)
ohne	without
um	around, about
wider	against (contrary to)
entlang	along

Wir gehen ohne den Hund durch die Stadt das Flussufer entlang.
We're going through the town along the riverbank without the dog.

Note that *entlang* goes **after** the noun or pronoun, unlike all the others.

2 Translate these phrases into German.

a for his sister _____
b against a tree _____
c along the motorway _____
d around the town _____
e through the door _____
f without her friends _____
g against the boys _____
h round the table _____

3 Make up sentences in German using each of the phrases in Exercise 2.

a _____
b _____
c _____
d _____
e _____
f _____
g _____
h _____

Prepositions with the dative case

TIPP

These prepositions are **always** followed by the **dative case**:

aus	out of
außer	except for
bei	at the house of
mit	with, by
nach	to, after
seit	since, for (time)
von	from, of, by
zu	to, at
gegenüber	opposite

Er kommt aus einer Kleinstadt und fährt immer mit dem Bus. Er sitzt mir gegenüber.
He comes from a small town and always travels by bus. He is sitting opposite me.

Note that *gegenüber* sometimes goes after the noun or pronoun.

1 Put one of the above prepositions into each gap.

a Ich bleibe eine Woche _____ meinen Großeltern.

b Er ist krank und darf nicht _____ dem Haus gehen.

c _____ wie vielen Jahren lernst du Deutsch?

d Mein Vater wurde drei Jahre _____ meiner Mutter geboren.

e Wann gehst du _____ deiner Tante?

f Unser Klassenzimmer liegt _____ den Toiletten.

g Kommst du _____ meinen Freunden zum Freibad?

h Wir fahren morgen _____ Berlin.

i _____ mir hat jedes Kind genug Geld.

j Das Buch ist _____ einem berühmten Deutschen.

TIPP

Note that *bei dem* and *von dem* can be shortened to *beim* and *vom* and *zu dem* and *zu der* can be shortened to *zum* and *zur*.

2 Complete the sentences with the shortened versions.

a Er ist heute _____ Arzt.

b Samstags gehen wir immer _____ Supermarkt.

c Sonntags gehen wir nicht _____ Schule.

d Dieses Jahr fahren wir _____ 20. Juli _____ 11. August weg.

e Ich habe das Spiel _____ Bruder meines Freundes gekauft.

f _____ Bäcker im Dorf gibt es tolles Brot.

TIPP

There is a special use of *seit* with the present and imperfect tenses:

*Ich **wohne seit** 10 Jahren hier.*
I **have lived** here **for** 10 years.

Note that we use the present tense in German, but the past tense in English. Ask yourself whether the action is still going on. Are you still living in the same place now (in the present)? Yes – so use the **present** tense.

*Er **spielte** schon **seit** zwei Stunden, als es begann zu schneien.*
He **had** already **been playing for** two hours when it began to snow.

Here, we are using the imperfect tense in German, but the pluperfect in English, i.e. He *was* **still playing** when the snow started, so use the **imperfect** tense.

3 On separate paper, translate into English.

a Da bist du ja endlich! Ich warte seit 10 Minuten hier in der Kälte.

b Ich wartete seit einer Stunde in der Kälte und meine Schwester kam immer noch nicht.

c Wir lernen seit drei Jahren Deutsch.

d Wir lernten seit drei Jahren Deutsch und konnten schon ziemlich viel verstehen.

e Sie ist seit vier Jahren Sängerin in einer Band.

f Sie war seit vier Jahren Sängerin, hatte aber nie in einer Band gesungen.

Prepositions with either accusative or dative case

TIPP

These prepositions can be followed by the **accusative case** or the **dative case**, depending on the meaning:

an	at, on(to)
auf	on(to)
hinter	behind
in	in(to)
neben	next to, near
über	over
unter	under
vor	before, in front of
zwischen	between

They take the accusative if there is a change of place (movement) or state.

Sie legt das Buch auf den Tisch.
She's putting the book on the table. (change of place)

They take the dative if they describe position and there is **no** change of place or state.

Das Buch ist auf dem Tisch.
The book is on the table. (no change of place)

1 In each pair of sentences, there is one example of the accusative used with movement and one example of the dative used with position. Write A (accusative) or D (dative) next to each sentence.

a Häng das Poster bitte an die Wand! _____

Dieses Poster hängt schon seit zwei Jahren an der Wand. _____

b Meine Schulbücher liegen auf dem Schreibtisch. _____

Ich habe meine Schulbücher auf den Schreibtisch gelegt. _____

c Wir sollen hinter dem Supermarkt parken. _____

Wir sollen hinter den Supermarkt fahren. _____

d Sie fliegt gern ins Ausland. _____

Sie wohnt gern im Ausland. _____

e Stell das Eis nicht neben den Ofen! _____

Oh je! Das Eis ist neben dem Ofen. _____

f Siehst du den Hubschrauber im Himmel über dem Krankenhaus? _____

Der Hubschrauber ist zweimal über unser Haus geflogen. _____

g Eine Maus ist unter den Schrank gelaufen. _____

Er hat eine tote Maus unter dem Schrank gefunden. _____

h Er fährt das Auto aus der Garage und vor das Haus. _____

Unser Auto steht vor dem Haus. _____

i Der Lehrer steht zwischen den Tischen. _____

Er stellt einen Stuhl zwischen die Tische. _____

TIPP

Note that *in dem* and *an dem* (dative) can be shortened to *im* and *am* and *in das* and *an das* (accusative) can be shortened to *ins* and *ans*.

2 Fill the gaps with the correct shortened version. The case is given to help you.

a Ich wohne _____ Stadtrand. (D)

b Wir sind _____ Wasser gesprungen. (A)

c Im Sommer will ich _____ Meer fahren. (A)

d Kommst du mit _____ Kino? (A)

e Mein Bruder arbeitet _____ Supermarkt. (D)

f _____ Wochenende laufen wir Ski. (D)

3 The Müller family have a new cleaning lady. Circle the correct alternative in each of these instructions to her.

a Der Staubsauger ist (in den/im) Keller.
b Bitte stecken Sie das rote T-Shirt nicht in (die/der) Waschmaschine!
c Das Waschmittel ist (in den/im) Schrank neben (die/der) Waschmaschine.
d Hängen Sie bitte die Wäsche auf (die/der) Leine (in den/im) Garten.
e Stellen Sie bitte den Mülleimer vor (das/dem) Haus.
f Vorsicht! Markus hat viel schmutzige Wäsche unter (sein/seinem) Bett.
g Bitte tun Sie das Spielzeug in (die/den) Schränke im Kinderzimmer.
h Der Hund soll (in den/im) Garten bleiben. Wenn es regnet, darf er (ins/im) Haus kommen.

4 Translate the pairs of sentences into English. Pay careful attention to the cases used.

a Wir sind in die Stadtmitte gefahren.
_____
Wir sind in der Stadtmitte herumgefahren.
_____

b Er setzte sich ans Fenster.
_____
Er sitzt am Fenster.
_____

c Ein Flugzeug fliegt alle 10 Minuten über die Schule.
_____
Die Flugzeuge sind so laut, wenn sie direkt über der Schule sind.
_____

d Unsere Katze schläft unter meinem Bett.
_____
Jeden Abend um 10 Uhr kriecht* die Katze unter mein Bett.
_____

[*kriechen = to creep]

5 Fill in the gaps.

a Bring die Limoflaschen bitte in _____ Keller.
b Es gibt keinen Parkplatz hinter _____ Supermarkt. Du musst i_____ Parkhaus parken.
c Jeden Abend arbeite ich an mein_____ Computer.
d Normalerweise fahre ich vor _____ Rathaus und dann über _____ Brücke.
e Das Museum liegt zwischen _____ Kirche und ein_____ Sportgeschäft.
f Ich gehe in _____ Sporthalle, die neben _____ Tennisplätzen ist.

6 Now complete the summary using the words in the box.

Some (1) _____ use either the accusative case or the dative case depending on their meaning.

If there is (2) _____ involved (e.g. something changes place), use the (3) _____ case – (4) _____, *die*, *das* etc. For example, if you put a pen onto a table, (5) _____ a bag, under your chair etc., it has moved from your hand to that other place so you must use the accusative case: *Ich lege den Kuli auf den Tisch*.

If you are describing the (6) _____ of something and there is no change of (7) _____, use the (8) _____ case – *dem*, *der*, (9) _____ etc. For example, if you are saying that a pen is on the table, in your bag, under a chair etc., it isn't moving from one place to (10) _____, so you use the dative case: *Der Kuli liegt auf dem Tisch*.

Remember that this only applies to the group of prepositions where you have a (11) _____ of accusative or dative. The ones that always take the accusative or (12) _____ take the dative are not affected.

accusative	always	another	choice
dative	*dem*	den	into	movement
place	position	prepositions	

17

Prepositions with the genitive case

TIPP

A few prepositions are followed by the **genitive case**.
Trotz des schlechten Wetters ...
Despite the bad weather ...
Während der Pause ...
During break ...

1 Complete the list of prepositions followed by the genitive case.

außerhalb	outside
statt	_____ of
trotz	_____
_____	during
wegen	_____ of

2 Translate the sentences into English.

a Wegen des Regens können wir keinen Sport machen.

_____

b Statt unserer Lehrerin hat uns der Direktor in Deutsch unterrichtet.

_____

c Während der Fete waren meine Eltern bei Nachbarn.

_____

d Wir wohnen etwa fünf Kilometer außerhalb der Stadt.

_____

e Während der Wanderung fing es an zu schneien.

_____

f Trotz ihrer Erkältung ist sie schwimmen gegangen.

_____

3 Sort the prepositions into the appropriate boxes in the table.

an auf aus außer außerhalb bei
durch entlang für gegen gegenüber
hinter in mit nach neben ohne seit
statt trotz über um unter von
vor während wegen wider zu zwischen

Accusative only	Dative only

Accusative or dative	Genitive

Verbs with prepositions

TIPP

Some verbs are commonly used with prepositions. These are often different from English. If there is a choice of accusative or dative, most use the accusative case.

Be careful with a few verbs that take a preposition in English but do not in German, e.g. *suchen* (to look *for*), *hören* (to listen *to*).

1 Match the pairs.

1	to look forward to	a	auskommen mit (+ D)
2	to wait for	b	halten von (+ D)
3	to talk about	c	sich freuen auf (+ A)
4	to get on with	d	sparen auf (+ A)
5	to be interested in	e	warten auf (+ A)
6	to taste of	f	sprechen über (+ A)
7	to think of (have an opinion of)	g	schmecken nach (+ D)
8	to save for	h	sich interessieren für (+ A)

2 Complete sentences a–h as indicated in the brackets. Complete sentences i–l with your own choice.

a Sie kommt gut _____ (*with her*) Eltern aus.

b Mein Bruder spart _____ (*for a*) neues Rad.

c Ich warte schon seit 30 Minuten _____ (*for the*) Bus!

d Interessierst du dich _____ (*in classical*) Musik?

e Was hältst du _____ (*of our*) neuen Direktor?

f Igitt! Diese Bonbons schmecken _____ (*of*) Fisch!

g Wir freuen uns _____ (*to the*) Sommerferien.

h Ich muss zehn Minuten lang _____ (*about my*) Hobbys sprechen.

i Ich spare _____.

j Ich komme gut _____ aus.

k Ich interessiere mich _____.

l Ich freue mich _____.

3 Translate these phrases into German. Think carefully about the case to use.

a during the lunch break _____

b out of the house _____

c (throw it) under the chair _____

d at the Schmidt's house _____

e from my uncle _____

f along the street _____

g through the park _____

h after one week _____

i for his aunt _____

j into the baker's _____

k round the corner _____

l for a month _____

m (hang it) on the wall _____

n (drive up) in front of the house _____

o because of his teacher _____

p (it is) on the cupboard _____

q without her money _____

r (put it) behind the door _____

s despite the price _____

t instead of a present _____

u opposite the hotel _____

v (it is) next to the church _____

w except for the children _____

x outside the sports centre _____

y (sit down) between the tables _____

z (it flew) over the house _____

aa with my grandparents _____

ab to the supermarket _____

ac into the theatre _____

ad against a tree _____

Adjectives

What is an adjective?

TIPP

An **adjective** is a 'describing word' – it tells you more about a noun. It usually changes its ending to match the noun it is attached to. This 'agreement' depends on three factors:
- the gender and number of the noun
- the case of the noun
- the determiner used.

1 Underline the adjectives in the following passage. You don't need to understand every word, but you should be able to say whether it is an adjective or not.

Das südwestafrikanische Namibia ist ein schönes Land, aber es gibt dort große Kontraste. Windhoek, die ziemlich moderne Hauptstadt, hat riesige Wohnblocks, tolle Einkaufszentren, breite Straßen mit lauten Autos. Auf dem Land aber sind viele Menschen sehr arm. Sie wohnen in primitiven Hütten ohne moderne Annehmlichkeiten wie Elektrizität und Wasser. Es gibt viel Wüste, wo das Leben sehr hart ist. Es gibt aber auch eine lange Küste am Atlantik. Dort kann man verschiedene Wassersportarten betreiben. Ausländische Touristen besuchen Namibia, um die imposante Landschaft zu sehen und die schönen afrikanischen Tiere zu fotografieren.

2 Fill in as many German adjectives as you can on the spider diagram and give their English translation. If the space isn't big enough, do this on a separate piece of paper.

- Leute/*People*
- Orte/*Places*
- Farben/*Colours*
- Ideen/*Ideas*
- Anderes/*Other*

Adjektive/*Adjectives*

Adjectives used after a noun

TIPP

If an adjective is used by itself after a noun, it does not change. This is usually after the verb 'to be' (*ist, sind, war, waren* etc.).
   Der Lehrer ist alt.
   Die Häuser sind alt.

3 Choose an adjective from the box to fill each gap. Be careful – some adjectives in the box have endings on them.

a Mein Meerschweinchen ist sehr _____ .

b Alle Lehrer sind _____ .

c Nach der Schule bin ich immer _____ .

d Unser Haus ist _____, aber _____ .

e Meine Weihnachtsgeschenke waren sehr

_____ .

f Das Feuerwerk an Sylvester war _____ .

| alt   altes   bequem   bequeme   intelligent |
| intelligenten   müde   müden   süß |
| süße   teuer   wunderbar |

Adjectives with the definite article

TIPP

These are the adjectival endings with the definite article:

	Masculine	Feminine	Neuter	Plural
Nominative	der alte Hund	die alte Katze	das alte Pferd	die alten Tiere
Accusative	den alten Hund	die alte Katze	das alte Pferd	die alten Tiere
Genitive	des alten Hundes	der alten Katze	des alten Pferdes	der alten Tiere
Dative	dem alten Hund	der alten Katze	dem alten Pferd	den alten Tieren

There are only two different endings – most are *-en* and the rest are *-e*.

The same pattern applies with these determiners: *dieser, jener, jeder, welcher*.

1 Look at the gender/number and case of the underlined noun phrases and choose the correct description for each from the box.

a Was kostet <u>die neue CD</u> von dieser Gruppe?

_____

b <u>Der junge Mann</u> erklärt dir alles.

_____

c Die Musik ist viel besser durch <u>die teuren Kopfhörer</u>.

_____

d Was ist der Preis <u>des kleinen Radios</u> dort?

_____

e Was soll ich mit <u>dem alten CD-Spieler</u> machen?

_____

f Ich kaufe mir <u>die tolle Sammlung</u> von Tanzmusik.

_____

> masculine/nominative   plural/accusative
> masculine/dative   feminine/accusative
> feminine/nominative   neuter/genitive

2 Now describe the gender and case of each underlined noun phrase.

a Wie findest du <u>den politischen Dokumentarfilm</u>?

_____

b Alles in <u>der neuen Serie</u> ist sehr interessant.

_____

c Siehst du oft die Sendungen <u>des Zweiten Programms</u>?

_____

d <u>Die letzte Sendung</u> beginnt um wie viel Uhr?

_____

e Habt ihr gestern <u>das blöde Quiz</u> gesehen?

_____

f Wann sind die Nachrichten <u>im Ersten Programm</u>?

_____

3 Underline the correct adjective in each sentence.

a Der (deutsche/deutscher) Autor Günter Grass hat den Nobelpreis gewonnen.

b Ich bin mit der (neunte/neunten) Klasse ins Theater gegangen.

c Hast du diesen (interessanten/interessantem) Film über Hamburg gesehen?

d Ich sehe oft Filme auf *Arte*, aber die (anderes/anderen) Kanäle sehe ich wenig.

e Mit jedem (neuen/neuer) Krimi sieht man mehr Realismus.

f Das (deutsche/deutschen) Fernsehen ist nicht schlecht.

4 Add the correct ending to each adjective.

a Die jung_____ Frau Krohn hat schon vier Kinder.

b Markus ist der einzig_____ Sohn.

c Die ander_____ Kinder sind alle Mädchen.

d Die Kinder spielen oft mit den stolz_____ Großeltern.

e Es ist manchmal schwierig in diesem klein_____ Haus.

f Für den jung_____ Vater ist es auch nicht leicht.

Adjectives with the indefinite article

TIPP

These are the adjectival endings with the indefinite article (and the negative):

	Masculine	Feminine	Neuter	Plural
Nominative	ein alt**er** Hund	eine alt**e** Katze	ein alt**es** Pferd	keine alt**en** Tiere
Accusative	einen alt**en** Hund	eine alt**e** Katze	ein alt**es** Pferd	keine alt**en** Tiere
Genitive	eines alt**en** Hundes	einer alt**en** Katze	eines alt**en** Pferdes	keiner alt**en** Tiere
Dative	einem alt**en** Hund	einer alt**en** Katze	einem alt**en** Pferd	keinen alt**en** Tieren

There are only three changes from the definite article pattern (masculine nominative; neuter nominative and accusative). The same pattern applies with all the possessive adjectives: *mein, dein, sein* etc.

1 Choose an adjective from the box to complete each sentence.

a Mein Onkel ist ein _____ Geschäftsmann.

b Er hat ein _____ Schuhgeschäft in der Stadtmitte.

c Ich kaufe immer meine _____ Schuhe bei ihm.

d Obwohl er reich ist, hat er eine total _____ Familie.

e Ich komme gut mit seiner _____ Tochter aus.

f Ich habe keine _____ Cousins.

g Seine _____ Frau arbeitet auch in der Firma.

h Aber ihr _____ Hund arbeitet natürlich nicht!

> anderen   brauner   elegante   großes
> guter   jüngeren   neuen   normale

2 Add the correct ending to each adjective.

a Meine Familie hat einen neu____ Hund.

b Unsere schön____ Katzen sind nicht froh darüber!

c Früher hatten wir kein groß____ Haus und keine Haustiere.

d Jetzt aber wohnen wir auf einem alt____ Bauernhof mit einem groß____ Garten.

e Das Haus ist am Rande eines hübsch____ Dorfs.

f Es gibt einen klein____ Supermarkt und eine langweilig____ Kneipe.

g Wir haben keine interessant____ Vereine.

h Manchmal fahre ich mit einer freundlich____ Nachbarin in die Stadt.

3 Complete Anja and Laura's conversation with the correct adjective endings. Look at the determiner to decide which ending to use. Remember – some adjectives don't need an extra ending.

A: Katrin gibt eine groß____ Party und ich brauche einen neu____ Rock.

L: Ja, sie lädt die ganz____ Klasse ein und ich gehe auch mit meinem neu____ Freund hin.

A: Der ist so süß____! Was trägst du zu dieser toll____ Party?

L: Ich trage meine neu____ Jeans, aber ich möchte ein neu____ T-Shirt.

A: Siehst du das grün____ T-Shirt dort drüben?

L: Schick! Ich habe kein gut____ T-Shirt. Und du, siehst du diesen blau____ Rock?

A: Der Rock ist schön____, aber die hässlich____ Farbe gefällt mir nicht. Und der Preis dieses schwarz____ Rocks ist viel zu hoch____.

L: Gehen wir in ein ander____ Geschäft. Welche modern____ Modegeschäfte gibt es hier?

A: Es gibt die groß____ Kaufhäuser. Sie haben bestimmt einen billig____ Rock für mich.

L: Also, wir gehen in einen billig____ Laden und kaufen uns die perfekt____ Kleidung für eine wichtig____ Party!

Adjectives with no determiner

TIPP

Sometimes an adjective has **no determiner** but is used by itself with a noun ('black coffee', 'good food' etc.). The adjective then takes the endings that the definite article would have had (with slight changes in the neuter and the genitive):

	Masculine	Feminine	Neuter	Plural
Nominative	hart**er** Käse	warm**e** Milch	kalt**es** Wasser	heiß**e** Würste
Accusative	hart**en** Käse	warm**e** Milch	kalt**es** Wasser	heiß**e** Würste
Genitive	hart**en** Käses	warm**er** Milch	kalt**en** Wassers	heiß**er** Würste
Dative	hart**em** Käse	warm**er** Milch	kalt**em** Wasser	heiß**en** Würsten

These endings are also used after numbers and some plural words like *viele*, *wenige* and *einige*.

1 Underline the adjectival phrases and write down their gender (m, f, n), number (sing., pl.) and case (N, A, G, D). Some sentences have more than one phrase associated with them.

a Ich höre sehr gern <u>kreative Musik</u>.   e.g. *f, sing., A*

b Laute Musik kann gefährlich sein. _____

c Mit guten Noten hat man kaum große Probleme. _____

d Es soll gesund sein, in kaltem Wasser zu baden. _____

e Ich habe zwei süße Katzen. _____

f Das Mittelmeer hat viele goldene Strände. _____

g Die Farbe einiger neuer Autos finde ich furchtbar. _____

h Meine Schwester bekommt tolle Geschenke. _____

2 Add the correct adjectival endings.

a Ich höre nicht so gern deutsch____ Musik.

b Ich finde sie schlechter als englisch____ Musik.

c *Gut____ Zeiten, schlecht____ Zeiten* ist eine Fernsehserie.

d Mein Vater trinkt nur schwarz____ Kaffee und grün____ Tee.

e Frisch____ warm____ Brot schmeckt sagenhaft!

f Mit gut____ Freunden kann man schön____ Abende verbringen.

g Ich habe mit drei interessant____ Damen gesprochen.

h Im Sommer brauche ich heiß____ Wetter und teur____ Hotels.

3 Complete the tables of the three groups of endings.

der/dieser/jener/jeder/welcher				
	Masculine	Feminine	Neuter	Plural
N	-e			-en
A				
G				
D				

ein/kein/mein/dein/sein/ihr/unser/euer				
	Masculine	Feminine	Neuter	Plural
N	-e			-en
A				
G				
D				

No determiner				
	Masculine	Feminine	Neuter	Plural
N	-er			
A				
G			-en	
D				

Adjectives used as nouns

1 Match the pairs.

1	etwas Gutes	a	nothing English
2	nichts Besonderes	b	because of a lot of new stuff
3	wegen viel Neuem	c	for nothing boring
4	von wenig Interessantem	d	little that's important
5	statt etwas Teurem	e	something good
6	aus etwas Altem	f	a lot of green
7	nichts Englisches	g	instead of something expensive
8	mit viel Billigem	h	something sharp
9	etwas Scharfes	i	nothing special
10	für nichts Langweiliges	j	out of something old
11	viel Grünes	k	of little of interest
12	wenig Wichtiges	l	with a lot of cheap stuff

TIPP

After words such as *wenig* (little), *etwas* (something), *viel* (a lot) and *nichts* (nothing) you can use **adjectives as nouns** – just add a capital letter and the neuter endings from 'adjectives with no determiner' (page 23).

Nominative	etwas Gut**es**
Accusative	nichts Besonder**es**
Genitive	viel Neu**en**
Dative	wenig Interessant**em**

2 Translate these phrases into German.

a something blue _____

b with a lot of good stuff _____

c nothing important _____

d little that's special _____

e on something cold
(*auf* + dative) _____

f nothing hot _____

TIPP

You can also use **adjectives as nouns** after *alles* (all, everything), but this changes in a different way – *alles* behaves like *das* (neuter definite article) and you add a capital letter and the correct endings to the adjective.

Nominative	alles Gut**e**
Accusative	alles Gut**e**
Genitive	alles Gut**en**
Dative	allem Gut**en**

3 Choose four of the German phrases from Exercise 1 and put them in a full sentence:

e.g. *In Irland gibt es <u>viel Grünes</u>.*

a _____

b _____

c _____

d _____

4 Complete the sentences with the correct form of the adjective in brackets.

a Er wünschte mir alles _____. (gut)

b Sie haben uns alles _____ angeboten. (möglich)

c Sie hat alles _____ in die Waschmaschine gesteckt. (schmutzig)

d Wir haben alles _____ gegessen. (gesund)

Comparative adjectives

TIPP

As the name suggests, **comparative adjectives** are used to compare people or things. In English, there are two ways of forming the comparative: put -er on the end, or put 'more' before the adjective. In German, just add -er to an adjective, e.g. cool**er** or kreativ**er**, to say that something is 'cooler' or 'more creative'.

Some short adjectives also add an Umlaut (alt – älter, dumm – dümmer). And, as in English, there are some common irregular comparatives: gut – besser, hoch – höher.

TIPP

If a comparative adjective comes before a noun, it has to have the same **endings** as other adjectives (see pages 21–24):

eine schön**e** Aussicht – eine schöner**e** Aussicht

mit einem gut**en** Freund – mit einem besser**en** Freund

The endings sometimes mean that an adjective might end in -erer or even -ererer!

Dieser Apfel ist bitter – es ist ein bitter**er** Apfel

Aber dieser Apfel ist noch bitterer – es ist ein bitterer**er** Apfel

1 Complete the table. Fill in four adjectives of your own choice at the end.

Adjective	Meaning	Comparative	Meaning
schön	beautiful	schöner	more beautiful
		älter	older
		jünger	
	cold		
arm			poorer
		wärmer	
		länger	
intelligent			
wichtig			more important
		fauler	
aktiv			
durstig			
		hungriger	
billig			
		teurer	
	healthy	gesünder	
			more dangerous
hoch			higher
	good	besser	

2 Change the adjectives in brackets to the comparative form. Remember to keep the adjectival ending, if there is one.

a Diese Straße ist (lang) _____.

b In den Geschäften hat man eine (gute) _____ Auswahl.

c Dieser Wohnblock ist (hoch) _____.

d Ein (alter) _____ Mann wohnt im zehnten Stock.

e Das Geschenk ist für ein (freundliches) _____ Mädchen.

f Frau Bolle will mit (jungen) _____ Leuten arbeiten.

3 Change the adjectives in brackets to the comparative form and add the correct adjectival endings. Look for the determiner (or lack of one) to decide which endings to use.

a Viele Leute treiben Sport, um (fit) _____ zu werden.

b Sport spielt heute eine (wichtig) _____ Rolle im Leben vieler Deutschen als vor 20 Jahren.

c Es gibt auch (interessant) _____ Sportarten als früher.

d In einer (groß) _____ Sporthalle sieht man viele Sportarten auf einmal.

e Weniger Deutsche als Engländer spielen Golf, vielleicht weil es in Deutschland (teuer) _____ ist.

4 Write full sentences as suggested by the prompts:
> means 'more ... than'
= means 'just as ...'
≠ means 'not as ...'
e.g. Fernsehen > Musik (interessant)
→ *Fernsehen ist interessanter als Musik.*

TIPP
You can compare two things by saying:
X ist größ**er als** Y	bigg**er than**
X ist **nicht so** groß **wie** Y	**not as** big **as**
X ist **genauso** groß **wie** Y	**just as** big **as**

a Schokolade ≠ Obst (gesund) _____
b Markus = Andreas (schlank) _____
c Anja > Eva (faul) _____
d ich > mein Bruder (jung) _____
e meine Mutter ≠ mein Vater (alt) _____
f Bücher > Filme (gut) _____
g das T-Shirt = das Hemd (teuer) _____
h der Frühling ≠ der Winter (kalt) _____
i Süßigkeiten > Hamburger (schlecht) _____

Superlative adjectives

TIPP

Use **superlative adjectives** to compare three or more things and say which is 'the long**est**', 'the **most** interesting' etc. In German, just add *-st* or *-est* to an adjective, e.g. *läng**st*** or *interessant**est***.

Some short adjectives add an Umlaut in the same way as the comparatives can. And, of course, there are a few common irregular superlatives:

gut – besser – best   nah – näher – nächst
hoch – höher – höchst

As with all adjectives, a superlative adjective adds the usual endings when used with a noun (see pages 21–23):
*die best**e** Wahl*   *mein best**er** Freund*
*im neuest**en** Buch*

1 Translate into English.

a unser bester Lehrer _____
b das billigste Geschäft _____
c die schönsten Farben _____
d im interessantesten Film _____
e für sein ältestes Kind _____

2 Choose a word from the box to complete each sentence.

a Das schnellste Auto ist auch das _____ .
b Die Schüler mit den besten Noten sind oft die _____ .
c Der billigste Kuli ist nicht immer der _____ .
d Alte Leute sind in vielen Ländern die _____ .
e Meiner Meinung nach ist diese Sendung die _____ .

| ärmsten   beste   fleißigsten |
| schlechteste   teuerste |

3 Translate into German.

a the poorest people _____
b in the longest film _____
c after the worst exam _____
d the nearest town _____
e Peter is my eldest cousin _____

Adverbs

What is an adverb?

TIPP

Adverbs tell you more about a verb – they describe when, how or where something happened. They can be one word (*schnell, pünktlich*) or they can be whole adverbial phrases (*um 7 Uhr, mit dem Bus*).

Most German adverbs look exactly the same as an adjective and they do not add any endings:

*Sie ist eine **fleißig**e Schülerin.*
She's a hard-working student. (adjective)
*Sie arbeitet **fleißig**.*
She works hard. (adverb)
*Das Spiel war **gut**.*
The game was good. (adjective)
*Wir haben **gut** gespielt.*
We played well. (adverb)

1 Underline the adverbs and adverbial phrases and put a translation for them in the brackets.

  a Monika lernt für die Prüfungen, aber sie macht regelmäßig Pausen.
  (_____)

  b Sie lernt besser, wenn sie Musik hört.
  (_____)

  c Ihre Brüder essen immer gesund.
  (_____)

  d Abends kann ich mich nicht so gut konzentrieren.
  (_____)

  e Auf der Autobahn fährt man oft zu schnell.
  (_____)

  f Ich will nicht arbeiten – ich möchte in Ruhe lesen.
  (_____)

  g Ich werde mich warm anziehen, weil es kalt ist.
  (_____)

  h Wir warten nervös auf den Direktor.
  (_____)

2 Look at your answers for Exercise 1 and complete this sentence.

  The ending -____ in English is often used for adverbs.

Comparative and superlative adverbs

TIPP

Comparative and superlative adverbs are formed in the same way as for adjectives. There are also the same few irregular ones.

Examples of adverbs	Comparative: add -*er*	Superlative: put *am* in front of the adverb and add -*(e)sten* to it
schlecht (badly)	*schlechter* (worse)	*am schlechtesten* (the worst)
gut (well)	*besser* (better)	*am besten* (the best)
viel (a lot)	*mehr* (more)	*am meisten* (the most)

3 Complete the comparisons as in the example. On separate paper translate each sentence into English and make up a similar one of your own:

  e.g. Paul arbeitet <u>schnell</u>, Anja arbeitet <u>schneller</u>, aber Alex arbeitet <u>am schnellsten</u>. *Paul works quickly, Anja works more quickly, but Alex works most quickly.*

  a Waschmittel A wäscht alles sauber, B wäscht alles _____, aber C wäscht alles am _____.

  b Mein Vater fährt _____, aber meine Mutter fährt vorsichtiger und meine Oma fährt _____ .

  c Ich schwimme _____, ich jogge mehr, und _____ fahre ich Rad.

  d Bananen schmecken _____ , Orangen schmecken _____ , aber Äpfel schmecken am besten.

4 Complete the sentences, following the prompts.

  a Wo dürfen wir unsere Musik (*the loudest*) _____ spielen?

  b Ich glaube, deutsche Züge kommen (*the most punctually*) _____ an.

  c Wer kann (*the highest*) _____ springen?

  d Sara kann (*the longest*) _____ unter Wasser schwimmen.

Liking and preferring

TIPP

Liking and preferring can be difficult to translate into German. These adverbs are very useful:

gern (indicates **liking** and goes after the verb) nicht gern (indicates **not liking**)	lieber (indicates **preferring** and goes after the verb)	am liebsten (shows what you **most like** and also goes after the verb, but may also be used at the beginning of the sentence or clause for emphasis)

Ich trinke gern Wasser, aber ich trinke lieber Saft. Am liebsten trinke ich Limonade.
I like drinking water, but I prefer juice. I like lemonade most of all.

The verb is very important – the adverbs just add more information, telling you **how much** someone likes **doing** something.

Er singt. Er singt <u>gern/lieber/am liebsten</u>.

1 Read the sentences and complete the table.
  a Ich esse gern Obst, aber ich esse lieber Kekse.
  b Sport ist toll – am liebsten schwimme ich.
  c Ich spiele gern Geige im Orchester.
  d Ich lese lieber Fantasie-Romane.
  e Obst und Kekse sind nicht schlecht, aber am liebsten esse ich Schokolade.
  f Ich spiele nicht gern Tennis – ich mache lieber Leichtathletik.
  g Das ist blöd, aber am liebsten sehe ich fern.

Put the items in order from 1 (most liked) to 3 (least liked).

	Food	Sport	Other activities
1			
2			
3			

2 Translate the following sentences into German.
  a I like eating bread.
  b He prefers playing football.
  c She likes listening to music most of all.
  d We like learning German.
  e They don't like watching TV.
  f Do you prefer (to drink) tea or coffee?

TIPP

There are other ways of expressing likes and dislikes.

Infinitive	Present	Imperfect	Perfect
mögen	ich mag …	ich mochte …	ich habe … gemocht
gefallen	mir gefällt … (singular)	mir gefiel … (singular)	… hat mir gefallen
	mir gefallen … (plural)	mir gefielen … (plural)	… haben mir gefallen

Remember that *gefallen* is used with the dative case (see page 7).
See the Verbs section for more about tenses.

3 Match the pairs. Write a–f in the boxes.
  1 Als Kind mochte ich viele Cartoons. ☐
  2 Magst du klassische Musik? ☐
  3 Gefällt dir diese Filmmusik? ☐
  4 Mir haben Tintin-Bücher immer gefallen. ☐
  5 Cartoons gefallen mir sehr. ☐
  6 Ich habe Tintin nie gemocht. ☐

  a Do you like this film music?
  b As a child I liked a lot of cartoons.
  c I really like cartoons.
  d I've never liked Tintin.
  e Do you like classical music?
  f I've always liked Tintin books.

Interrogative adverbs

TIPP

Some **question words** are adverbs (**interrogative adverbs**) and some are pronouns (**interrogative pronouns** – see page 35). These 'w' words are placed at the beginning of a sentence to make it into a question. Remember to put the verb next (see page 38).

1 Complete the list of question words and their meaning.

wann	_____
wie	how
wo	_____
warum	why
wie viel(e) ...	how much (how _____) ...
was	_____
_____ (wen, wem)	who (whom)
was für ...	what _____ of ...

| many   sort   wer   what   when   where |

2 Insert the correct question words.

a _____ beginnt die erste Stunde?
b _____ hast du in der Stadt gekauft?
c _____ ein Buch liest du da?
d _____ Geld hast du?
e _____ treffen wir uns heute Abend?
f _____ spielst du deine Musik so laut?

| was für   wann   warum   was   wie viel   wo |

3 Write the questions that could give these answers. Remember, most of the information you need for the question is provided in the answer.

a _____?

Ich fahre um 18 Uhr nach Hause.

b _____?

Ich lese dieses Buch, weil es sehr lustig ist.

c _____?

Ich habe tausend Briefmarken.

d _____?

Thomas spielt Fußball.

e _____?

Er spielt im Park Fußball.

f _____?

Ich fahre mit dem Bus oder mit dem Rad zur Schule.

4 Write a complete question of your choice for each of these question words.

a Wer _____?
b Was _____?
c Wann _____?
d Wo _____?
e Warum _____?
f Wie _____?
g Wie viele _____?
h Was für _____?

Adverbial phrases of time and place

> **TIPP**
> Below are some common **adverbs and adverbial phrases**.

1 Complete the list. Use a dictionary if necessary.

(Time)

manchmal	_____
immer	always
_____	often
nie	never
ab und zu	now and again
dann und wann	now and then
so bald wie möglich	as _____ as possible
nächste Woche	next _____
nächstes Wochenende	_____
nächsten _____	next Monday
letztes Jahr	last year
letzte _____	last week
letzten _____	last Tuesday
nach der Schule	after _____
vor dem Frühstück	_____ breakfast
vor drei Jahren	_____ years ago
vor zwei Monaten	two _____ ago
jeden _____	every day
sonntags	every _____, on Sundays
um 8 Uhr	at 8 o'clock
im Sommer	in the _____

(Manner)

mit dem Bus	by bus
mit Freunden	with _____
mit meiner _____	with my family

(Place)

hier	_____
dort	there
in der Stadt	in town
in die Stadt	into _____
nach Berlin	to Berlin
zum Supermarkt	_____ the supermarket

2 Use the list to help you translate these phrases into German.

a last weekend _____
b every Monday _____
c one month ago _____
d next year _____
e to Freiburg _____
f with a friend _____

> **TIPP**
> If there are two or more adverbs or adverbial phrases in a sentence, they have to go in a certain order: time (when), manner (how), place (where). See page 62 for further practice.

3 Rearrange the adverbial phrases (underlined in the following) to give the correct word order.

a Ich fahre <u>nach München</u> <u>mit der Klasse</u> <u>morgen</u>.

Ich _____.

b Man kann <u>am Fluss</u> <u>sonntags</u> <u>mit dem Hund</u> spazieren gehen.

Man kann _____
_____ spazieren gehen.

c Viele junge Deutsche verbringen <u>in England</u> ein Jahr als Au-Pair.

Viele _____
_____

Intensifiers

> **TIPP**
>
> Intensifiers are used in German to add emphasis to the adjective or adverb they accompany:
>
> *ziemlich* schwierig – **quite** difficult
> *gar nicht* sportlich – **not at all** sporty

1 Complete this list of intensifiers. Use a dictionary if necessary.

ein bisschen	a _____
ein wenig	a little
einfach	simply
ganz	quite, completely
gar nicht	_____ at all
kaum	hardly
sehr	_____
so	so
total	totally
überhaupt _____	not at all
viel (+ comparative)	much more ...
ziemlich	_____, fairly
zu	too

2 Fill each gap with a suitable intensifier and translate the sentences into English.

a Unsere Deutschlehrerin ist _____ intelligent.
_____.

b Meine Freundin hat _____ fleißig gearbeitet.
_____.

c Du bist ein _____ sportlicher Junge.
_____.

d Wir haben gestern _____ gut gespielt.
_____.

e Gemüse esse ich _____ gern.
_____.

f Vegetarier sind _____ interessanter als andere Menschen!
_____.

3 Complete this summary of adverbs. Use the words in the box.

Adverbs tell you more about when, how and where the action of a (1) _____ happens.

They can be (2) _____ word, or they can be a whole adverbial (3) _____ .

Most German adverbs look exactly the same as an (4) _____ .

Adverbs do not add any (5) _____ .

Comparative and (6) _____ adverbs are formed in the same way as for adjectives.

Many (7) _____ words are adverbs and they all begin with 'w'.

Adverbs and adverbial phrases must go in this order in a sentence: (8) _____ – manner – place.

Intensifiers are used to add (9) _____ to a word or phrase.

verb	time	endings	one	phrase	emphasis
superlative	question	adjective

4 Write down as many adverbs as you can think of in German.

Pronouns

What is a pronoun?

TIPP

A **pronoun** is a short word that replaces a noun (or noun phrase) to avoid repetition. Like nouns, pronouns change their case depending on the part they play in a sentence.

Here are the **personal pronouns** in the most common cases:

Nominative	Accusative	Dative	
ich	mich	mir	I, me
du	dich	dir	you
er	ihn	ihm	he/it, him
sie	sie	ihr	she/it, her
es	es	ihm	it
wir	uns	uns	we, us
ihr	euch	euch	you (familiar plural)
Sie	Sie	Ihnen	you (polite)
sie	sie	ihnen	they, them

Sie hat *mich* gesehen.
She saw **me**.

*Anja und Thomas, kommt **ihr** mit **uns** ins Kino?*
Anja and Thomas, are **you** coming to the cinema with **us**?

1 Underline the pronouns. Write down what case they are and why:

e.g. Diana kennt Ibrahim schon. <u>Sie</u> hat <u>mich</u> mit <u>ihm</u> gesehen:

<u>sie</u> = nominative, subject of the verb (has seen)
<u>mich</u> = accusative, direct object of the verb (has seen)
<u>ihm</u> = dative, with preposition *mit*

a Die Lehrerin hat ein neues Heft für mich.

_____.

_____.

b Die Arbeit ist zu schwer. Wir können sie nicht machen.

_____.

_____.

c Ich liebe meine Oma und verbringe oft ein Wochenende bei ihr.

_____.

_____.

d Wollt ihr auf meinem Computer spielen? Er ist wirklich toll!

_____.

_____.

e Da sind Paul und Ines. Sie fahren mit mir in die Stadt.

_____.

_____.

f Sie sind ohne mich losgefahren!

_____.

_____.

2 Fill the gaps with the correct form of *ich* or *du*.

a Kannst du _____ hören?

b Ich kann _____ nicht sehen.

c Gib _____ deine Hand.

d Soll ich _____ die Butter reichen?

e Was möchtest _____ als Nachtisch?

3 Fill the gaps with the correct form of *wir, ihr, Sie* or *sie*.

a Laura und Leon sind Kinder – _____ sprechen mit ihrem Vater:

b Vati, gib _____ bitte 5 Euro.

c Ich habe _____ schon gesagt – nein!

d Aber _____ wollen einen Comic kaufen.

e _____ lest zu viele blöde Comics.

f Ja, aber _____ sind lustig.

Personal pronouns

TIPP

The pronouns *er*, *ihn* and *ihm* refer to any masculine noun, not just a male person, so they can sometimes mean 'it' rather than 'he' or 'him'.

Similarly *sie* and *ihr* are for any feminine noun, and *es* and *ihm* for any neuter noun. For example, the pronoun for *der* Bus is *er* (it); the pronoun for *die* Jacke is *sie* (it); the pronoun for *das* Mädchen is *es* (she).

1 Fill the gaps with the correct form of *er*, *sie* or *es*.

a Ich verstehe mich gut mit _____ (*her*).

b Ich sehe _____ (*him*) jeden Tag.

c Das ist mein Buch. _____ (*it*) ist sehr interessant.

d Wo ist meine Jacke? Ich finde _____ (*it*) nicht.

e Der Zug hat Verspätung. _____ (*it*) kommt in 10 Minuten an.

f Ich habe meinen Kuli verloren. Hast du _____ (*it*) gesehen?

TIPP

You will often find the dative pronouns after verbs such as *geben*, *sagen*, *erzählen* and *zeigen*.

Some verbs that are always followed by the dative are *passen*, *helfen* and *gefallen*. (See also page 7.)

*Ich sage **dir** die Wahrheit.*
I'm telling **you** the truth.

*Das Buch gefällt **mir**.*
I like the book. ('The book pleases me'.)

*Sie hilft **ihm** bei der Arbeit.*
She helps **him** with his work.

*Das Kleid passt **ihr** nicht.*
The dress doesn't fit/suit **her**.

2 Fill in the gap with the correct dative pronoun.

a Wir helfen _____ (*them*) bei der Arbeit.

b Diese Schuhe gefallen _____ (*her*) sehr.

c Warte mal, Erika, ich sage _____ (*you*) die Antwort.

d Unsere Schuluniform gefällt _____ (*us*) überhaupt nicht.

e Ich habe _____ (*him*) meine Hausaufgaben gegeben.

f Nein, Mutti, deine Jacke passt _____ (*me*) überhaupt nicht.

g Herr Krohn, ich möchte _____ (*you*) meine Arbeit zeigen.

h Also, Kinder, ich erzähle _____ (*you*) eine tolle Geschichte.

3 Fill in the gap with the correct pronoun. There is a mixture of all the pronouns and cases.

a Was ist mit _____ (*you*) los?

b Otto hat einen neue Freundin. _____ (*she*) ist nicht sehr nett.

c _____ (*He*) hat _____ (*her*) eine Halskette gegeben.

d Hast _____ (*you*) etwas für _____ (*me*)?

e Kannst du _____ (*me*) einen Witz erzählen?

f Bastian? Ich finde _____ (*him*) sehr sympathisch.

g Wie war die Sendung? Ich habe _____ (*it*) nicht gesehen.

h Frau Herbert, ich möchte mit _____ (*you*) sprechen.

i Da fährt der Bus – ich habe _____ (*it*) verpasst.

j Meine Oma wohnt zur Zeit bei _____ (*us*).

Reflexive pronouns

TIPP

Reflexive pronouns are used with reflexive verbs (see page 43). They usually mean 'myself', 'yourself' etc. and they are used in the accusative and dative cases.

Subject (nominative)	Reflexive pronouns accusative	dative	Meaning
ich	mich	mir	myself
du	dich	dir	yourself
er, sie, es	sich	sich	himself, herself, itself
wir	uns	uns	ourselves
ihr	euch	euch	yourselves
Sie	sich	sich	yourself, yourselves
sie	sich	sich	themselves

Most reflexive verbs have the accusative case of a **reflexive pronoun**, e.g. *Ich ziehe **mich** an* – I get dressed (I dress **myself**). This is because *mich* is the direct object of the verb.

TIPP

A few reflexive verbs take the dative case (which conveys the idea of 'to someone'), e.g. *Ich putze **mir** die Zähne* – I brush my teeth (I brush 'to me' the teeth). These verbs always have a direct object (in this case, 'teeth').

These common verbs take the dative reflexive pronoun:
  sich (etwas) wünschen – to wish (for something) – *Ich wünsche **mir** einen neuen Computer.*
  sich (etwas) ansehen – to watch (something) – *Siehst du **dir** den Film an?*
  sich (etwas) kaufen – to buy yourself (something) – *Ich kaufe **mir** einen Pullover.*

1 Fill in the gap with the correct pronoun. These are all in the accusative.

  a Ich dusche _____ jeden Morgen.
  b Für die Sportstunde ziehen wir _____ natürlich um.
  c Thomas und Martin fühlen _____ nicht wohl.
  d Thomas legt _____ auf sein Bett.
  e Interessieren Sie _____ für Volleyball?
  f Meine Schwester zieht _____ immer vor dem Frühstück an.
  g Mein Kaninchen freut _____ auf den Salat!
  h Das ist besser – ich habe _____ schön ausgeruht.
  i Ihr wascht _____ am besten im Badezimmer, nicht in der Küche.

2 Circle the reflexive pronoun and underline the direct object (accusative) in these sentences containing reflexive verbs. Then translate each sentence.

  a Alexander wäscht sich die Hände vor dem Essen.
  _____.
  b Kaufst du dir eine neue Jeans in der Stadt?
  _____.
  c Heute Abend sehe ich mir einen alten Film an.
  _____.
  d Zum Geburtstag wünschst sie sich ein Mountainbike.
  _____.
  e Hast du dir die Zähne geputzt?
  _____.
  f Kämm dir bitte die Haare!
  _____.

3 Fill in the gap with the correct reflexive pronoun. There is a mixture of accusative and dative.

  a Meine Familie interessiert _____ für Sport.
  b Ich habe _____ einen Hamburger gekauft.
  c Fühlst du _____ jetzt krank?
  d Wir haben _____ nach dem Spiel geduscht.
  e Habt ihr _____ das Spiel im Fernsehen angesehen?
  f Was wünschen Sie _____ zu Weihnachten?

Indefinite pronouns

TIPP

The **indefinite pronouns** are *jemand* (someone) and *niemand* (no one). They usually change to *jemanden/niemanden* in the accusative and to *jemandem/niemandem* in the dative.

Jemand ist vorbeigegangen, aber ich habe niemanden gesehen und mit niemandem gesprochen.
Someone went by, but I saw no one and spoke to no one.

1 Underline the correct indefinite pronoun in each sentence.
  a (Niemand/Niemanden) kommt mit ins Kino.
  b Hast du (jemanden/jemandem) im Garten gesehen?
  c Er ist mit (jemand/jemandem) gekommen, aber ich weiß nicht, wie er heißt.
  d Du darfst (niemand/niemandem) sagen, was du gehört hast!
  e (Jemand/Jemanden) soll hier bleiben.

Interrogative pronouns

TIPP

As we saw earlier (page 29), some **question words** are adverbs (interrogative adverbs). Others are pronouns (**interrogative pronouns**). Like the interrogative adverbs, these 'w' words are placed at the beginning of a sentence to make it into a question. Remember to put the verb next (see page 38).

The interrogative pronoun *wer* changes to *wen* in the accusative and to *wem* in the dative.

Wer kommt mit? – Who is coming with us?
Wen hast du gesehen? – Who(m) did you see?
Mit wem hast du gesprochen? – With whom did you speak? Who did you speak to?

2 Write the correct interrogative pronoun (*wer, wen, wem*) in the gaps.
  a Für _____ ist das Geschenk?
  b _____ hat die besten Noten?
  c _____ hilfst du nach der Schule? (*helfen* + dative)
  d _____ hast du in der Stadt gesehen?
  e _____ hat eine Frage?
  f Von _____ ist diese E-Mail?

Relative pronouns

TIPP

Relative pronouns are one way of joining two related sentences together. They mean 'that/which' or 'who(m)'.

3 Draw lines to match the sentence halves.
  1 Der Lehrer, der
  2 Die Frau, die
  3 Das Rad, das
  4 Die Leute, die
  5 Das ist der Bäcker,
  6 Das ist die Sendung,
  7 Das ist das Café,
  8 Das sind die Bücher,

  a in der Garage ist, gehört mir.
  b das sehr teuer ist.
  c Deutsch unterrichtet, ist cool.
  d die total blöd ist.
  e der mir das Brot verkauft hat.
  f ein rotes Kleid trägt, ist meine Mutter.
  g die ich eben gekauft habe.
  h dort stehen, sind sehr reich.

TIPP

Relative pronouns have to be the same gender, number and case as the noun they replace. Apart from the dative plural, they look just like the words for 'the'.

4 Complete the table.

	Masculine	Feminine	Neuter	Plural
Nom		die		die
Acc	den		das	
Dat		der	dem	denen

> **TIPP**
>
> Relative pronouns send the verb to the end of their clause (see Word order, page 65). They must be separated by a comma. This often gives the pattern verb – comma – verb in the middle of a sentence.
>
> *Der Computer, **der** in der Ecke **steht, ist** kaputt.*

5 Join each pair of sentences to make one longer one.

  e.g. <u>Dieser Lehrer</u> **ist** cool.
   + <u>Dieser Lehrer</u> **gibt** uns keine Hausaufgaben.
   = *Dieser Lehrer, der uns keine Hausaufgaben **gibt**, **ist** cool.*

  a Basketball* gefällt mir sehr. (*masc.)
   + Basketball ist ein Sport für junge Leute.

   = _____ .

  b Meine beste Lehrerin unterrichtet Physik.
   + Meine Lehrerin heißt Frau Ohm.

   = _____ .

  c Das blaue Rad kostet €1000.
   + Das Rad steht vorne im Sportgeschäft.

   = _____ .

  d Die Olympischen Spiele sind sehr interessant.
   + Die Olympischen Spiele finden alle vier Jahre statt.

   = _____ .

> **TIPP**
>
> You need to look carefully at the **gender** and **case** of the noun that a **relative pronoun** is replacing so that they match.
>
> *Der Film war sehr gut. Ich habe **den Film** gestern gesehen.* – The film was very good. I saw **the film** yesterday. (**masculine**, **accusative** – direct object of *gesehen*)
>
> = *Der Film, **den** ich gestern gesehen habe, war sehr gut.* – The film **that** I saw yesterday was very good.
>
> *Ich habe eine Freundin. Ich fahre **mit meiner Freundin** nach Berlin* – I have a friend. I'm going **with my friend** to Berlin. (**feminine**, **dative** – after *mit*)
>
> = *Ich habe eine Freundin, **mit der** ich nach Berlin fahre.* – I have a friend **with whom** I'm going to Berlin.

6 Which case would you need to translate each of the underlined words into German? Write N, A or D:

   e.g. The teacher <u>whom</u> I saw.   _A_

  a The ski instructor <u>who</u> taught me.   ____
  b The tourists with <u>whom</u> we travelled …   ____
  c The cup <u>which</u> she won at the games.   ____
  d The book <u>that</u> I am reading.   ____
  e The game <u>that</u> is on TV tonight   ____
  f The boy for <u>whom</u> I bought this cake.   ____

7 Choose a phrase from the box to complete each sentence. Then, on separate paper, translate each sentence into English.

   e.g. Ein Schüler, __3__, bekommt oft schlechte Noten.

  a Die jungen Leute, _____, studieren Fremdsprachen.
  b Die Dame, _____, war sehr nett.
  c Das Mädchen, _____, kann sehr gut Deutsch.
  d Der Computer, _____, ist jetzt kaputt.

  | 1 auf dem wir gestern gespielt haben |
  | 2 das neben mir sitzt |
  | 3 der nicht sehr fleißig arbeitet |
  | 4 die mir €20 gegeben hat |
  | 5 mit denen ich gesprochen habe |

8 Complete the sentences with the correct relative pronoun.

  a Die Deutschen, _____ Urlaub im Ausland machen, fahren oft nach Spanien.
  b Der Freund, mit _____ ich ins Theater gehe, kommt um 18 Uhr.
  c Das Buch, _____ ich im Moment lese, ist ziemlich langweilig.
  d Die Strände, an _____ wir uns sonnen, sind so schön.
  e Handball ist eine Sportart, _____ in Deutschland sehr populär ist.
  f Die Sporthalle, in _____ wir spielen, ist schon sehr alt.

Verbs

What is a verb?

TIPP

Verbs describe the action (do, go etc.) or situation (be, have etc.) in a sentence or clause. They change in important ways depending on:
- **tense** (past, present, future etc.)
- **person** (I, you, it etc.)
- **number** (singular, plural).

Most German verbs are 'weak' (regular), but some common ones are 'strong' (irregular) or 'mixed'. The part given in a dictionary is the **infinitive** – this almost always ends in -*en* and means '**to** do', '**to** go' etc.

1 Highlight the verbs in these sentences. Watch out – some have more than one verb.

a Ich verbringe ziemlich viel Zeit im Internet.
b – Wann beginnt der Film?
– Die erste Vorstellung ist um 19 Uhr.
c Ich möchte zwei Karten für morgen Abend reservieren.
d Ich habe dieses Handy letzte Woche gekauft, aber es funktioniert nicht.
e Ich bin auf den Weihnachtsmarkt gegangen und habe meine Geschenke gekauft.
f Letztes Jahr haben wir viel gegessen und getrunken und getanzt.
g Ich werde nächstes Jahr zum Musikfest in Nürnberg fahren.

Formal and informal usage

TIPP

There are several words in German for 'you' and 'your'. It is important to choose the right one, depending whether you are being **formal or informal**.

2 Complete the explanation using the words in the box.

Young Germans speak and _____ to each other using the informal (_____) forms:

du (_____ person)

ihr (more than one _____).

_____ members also usually call each other *du*.

The possessive pronouns for informal '_____' are *dein/deine/dein; euer/eure/euer.*

The r_____ forms are: *dich* (accusative), *dir* (_____); *euch* (both _____ and dative).

When speaking or writing to someone _____ or not well known to you or in a position of _____, use the _____ (polite) *Sie* form.

This is the _____ for one and for more than one person.

The _____ pronoun for formal 'your' is *Ihr* for both singular and plural.

The reflexive form for formal *Sie* is _____ *sich*.

| accusative always authority dative familiar |
| family formal older one person |
| possessive reflexive same write your |

3 Now fill in the table.

| Pronouns | Informal (familiar) || Formal (polite) ||
	Singular	Plural	Singular	Plural
Nominative (you)		ihr		
Accusative (you)	dich			Sie
Dative (you)			Ihnen	
Possessive adj. (your)		euer/eure/euer		
Reflexive (yourself)			sich	

37

Questions

TIPP

Questions are formed by turning the subject and verb around and sometimes adding a question word as well. (See also page 29 for more about question words.) Remember that the subject can be a whole phrase and not just one word.

Du hast einen Job. – Hast du einen Job?
Meine liebe Oma fährt nach Amerika. – Fährt meine liebe Oma nach Amerika?
Sie sind angekommen. – Wann sind Sie angekommen?

1 Make these statements into questions using the prompt where appropriate.

a Du gehst am Wochenende zur Party. (?)

b Sie haben diesen Film gesehen. (*when?*)

c Du bist zur Schule gekommen. (*how?*)

d Frau Müller bleibt heute zu Hause. (?)

e Er hat sich nicht gewaschen. (*why?*)

f Die Kinder haben ihren Ball verloren. (*where?*)

Negative

TIPP

To make a verb **negative**, add *nicht*. This usually goes at the end of a clause or sentence, but it must come before an adjective, a past participle or an infinitive.

Nicht can also be placed before a particular word or phrase to give it emphasis.

Dieses Buch gehört mir nicht.
This book doesn't belong to me.

Dieses Buch gehört nicht mir, sondern meinem Bruder.
This book doesn't belong to **me** but to my brother.

2 Are these sentences positive (P) or negative (N)?

a Das Spiel beginnt heute um neun. ____
b Ich habe meine Tennisschläger nicht. ____
c Es geht meiner Schwester nicht gut. ____
d Sie darf am Wochenende nicht mitkommen. ____
e Wir fahren nach dem Frühstück los. ____
f Ich kann das nicht kaufen, weil ich kein Geld habe. ____

TIPP

Remember that *kein* + noun means 'not a ...'. This is slightly different from English. For example, if you want to say 'I don't have a pen', you need to think of it as 'I have no pen' – *Ich habe keinen Kuli.* (See also page 11.)

3 Make these sentences negative by inserting *nicht* or using *kein* as appropriate.

a Ich kenne diesen Jungen.

b Wir haben dieses Buch gelesen.

c Meine Mutter hat einen Wagen.

d Also kann ich mit ihr fahren.

e Unsere Sporthalle ist sehr modern.

f Ich esse dein Stück Kuchen.

g Wir möchten eine Party zum Geburtstag haben.

h Ich darf die Ohrringe kaufen, weil ich viel Geld habe.

Modal verbs

> **TIPP**
>
> Six irregular verbs are known as **modal verbs**:
>
> | | |
> |---|---|
> | dürfen | to be allowed to |
> | können | to be able to, 'can' |
> | mögen | to like to |
> | müssen | to have to, 'must' |
> | sollen | to be supposed to, 'ought' |
> | wollen | to want to |
>
> They normally need another verb to complete their meaning – this verb is in the infinitive and goes to the end of the clause. (See page 66 for more practice of word order.)
>
> Ich **kann** morgen nicht **arbeiten**.
> I cannot work tomorrow.

1 Underline the modal verbs and circle the infinitives in these sentences (if there is one). Then translate each sentence into English.

a Wir wollen am Wochenende Handball spielen.

_____.

b Wann kannst du mir ein Computerspiel kaufen?

_____?

c Ich darf im Sommer nach Spanien fahren.

_____.

d Heute soll ich lernen, aber ich will nicht.

_____.

e Meine Eltern mögen es nicht, wenn ich spät nach Hause komme.

_____.

f Ich mag nicht tanzen, weil ich nicht gut tanzen kann.

_____.

g Wann musst du nach Hause gehen?

_____?

h Können Sie diese Flaschen bitte zum Recycling bringen?

_____?

> **TIPP**
>
> Sometimes modal verbs do not need an infinitive because the meaning is clear enough without one. Often, the missing verb is 'do': *Das kann ich nicht.* I can't (do that). Or 'go': *Ich will nach Hause.* I want to go home.

2 Match the pairs.

1	Wir wollen ein Eis.	a	He's good at German.
2	Ich muss mal!	b	I don't like (doing) that.
3	Er kann gut Deutsch.	c	We want an ice cream.
4	Sie muss jetzt zur Schule.	d	What are you allowed to do at school?
5	Das mag ich nicht.	e	She has to go to school now.
6	Was dürft ihr in der Schule?	f	I need the toilet!

> **TIPP**
>
> Notice the difference between *ich muss nicht* and *ich darf nicht*:
>
> *Ich muss nicht früh ins Bett gehen.*
> I don't have to go to bed early (but it would be better if I did).
>
> *Ich darf nicht früh ins Bett gehen.*
> I must not go to bed early (I'm not allowed to).

3 Write in German two things that you don't have to do, and two that you're not allowed to do. Give the English translation.

a Ich muss nicht _____

_____.

b Ich muss nicht _____

_____.

c Ich muss nicht _____

_____.

d Ich muss nicht _____

_____.

TIPP

In the present tense, modal verbs are only slightly irregular in the singular. Most of them have a vowel change in the singular, but the *ich* and *er/sie/es* forms are the same, which makes things easier.

4 Complete the table of the present tense of all six modals.

	dürfen	können	mögen
Meaning	to be allowed to		to like
ich	darf		
du		kannst	
er/sie/es			mag
wir			
ihr	dürft		
Sie			
sie		können	

	müssen	sollen	wollen
Meaning		to be supposed to	
ich		soll	
du	musst		
er/sie/es			will
wir	müssen		
ihr		sollt	
Sie			wollen
sie			

Impersonal verbs

TIPP

Some common verbs are known as **impersonal verbs**. They are only used in the *es* form in certain phrases, and sometimes even the word *es* is missed out.

1 Match the pairs.
1 Es gibt keine Marmelade.
2 Es gibt nur drei Eier.
3 Es tut mir Leid.
4 Wie geht's?
5 Es geht mir gut.
6 Es geht mir nicht gut.
7 Mir ist kalt.
8 Mir ist heiß.
9 Mir ist sehr schlecht.
10 Schmeckt dir das Essen?
11 Danke. Es schmeckt mir.
12 Es gefällt mir, wenn du lächelst.

a I am not well.
b I am sorry.
c I feel very sick.
d Thanks. I like it.
e There is no jam.
f Do you like the meal?
g I like it when you smile.
h I am well.
i There are only three eggs.
j I feel hot.
k How are you?
l I feel cold.

5 Translate these sentences into German. Remember to put the infinitive (if there is one) at the end.

a I'm supposed to go into town today. _____

b I'm not allowed to go to the cinema. _____

c They want to watch television. _____

d Can you (*du*) speak French? _____

e The teachers have to work every evening. _____

(See page 79 for more help with modal verbs.)

Separable and inseparable verbs

TIPP

In German, as in English, many verbs come in two parts. If the verb is **separable**, the two parts do not usually come next to one another in a sentence. If the verb is **inseparable**, they do.

The verb *fernsehen*, for example, is **separable**. The *sehen* part follows the usual rules for verbs, and the separable prefix *fern* goes to the end of the sentence: *Ich **sehe** jeden Abend eine Stunde **fern**.* – I watch television for an hour every night.

The verb *bekommen* is **inseparable**. The prefix stays attached to the verb: *Ich **be**komme eine Medaille.* – I get a medal.

Here are some **separable verbs** you might use. In the infinitive, they are always joined together.

abfahren	to set off	*sich ausruhen*	to have a rest
abholen	to meet (= pick up, fetch)	*aussteigen*	to get off (bus)
abschließen	to lock (up)	*sich ausziehen*	to get undressed
abspülen	to wash up	*einkaufen*	to shop, go shopping
abtrocknen	to dry up	*einschlafen*	to go to sleep
anhalten	to stop (vehicles)	*einsteigen*	to get on (bus)
ankommen	to arrive	*fernsehen*	to watch TV
annehmen	to accept	*sich hinlegen*	to lie down
anrufen	to call (= telephone), phone	*sich hinsetzen*	to sit down
anschauen	to look at	*mitkommen*	to come with
sich ansehen	to watch	*mitnehmen*	to take (with you)
anspringen	to start (cars)	*umsteigen*	to change (e.g. trains)
sich anziehen	to get dressed	*sich umziehen*	to get changed
auffüllen	to fill up (cup)	*vorbeifahren an*	to go past (by car)
aufhören	to stop (doing something)	*vorbeigehen an*	to go past (on foot)
aufpassen	to pay attention	*vorbereiten*	to prepare
aufräumen	to tidy up, clear away	*vorziehen*	to prefer
aufstehen	to get up, to stand up	*weggehen*	to go away
aufwachen	to wake up	*wegwerfen*	to throw away
ausgeben	to spend (money)	*weitermachen*	to continue (e.g. studies)
ausgehen	to go out	*zuhören*	to listen to
auskommen mit	to get on with	*zunehmen*	to grow (= get bigger)
auspacken	to unpack	*zurückkommen*	to return, come/go back

1 In the list above, highlight the prefix of each verb (e.g. **ab**holen). Now look at the part after the prefix. In another colour, highlight the ones that you already know (e.g. an**kommen**). Tick the full separable verbs that you already know or can easily work out. Learn as many of the others as possible.

2 Highlight both parts of the separable verbs in these sentences, then translate into English.

 a Der Zug kommt um 14 Uhr in Köln an.

 _____ .

 b Ich wache immer vor meiner Schwester auf.

 _____ .

 c Samstags kaufe ich mit meinen Freunden in der Stadt ein.

 _____ .

 d Mein Brieffreund packt seinen Koffer aus.

 _____ .

 e Am Sonntag bereitet mein Vater das Mittagessen vor.

 _____ .

TIPP

These prefixes are inseparable and can never be split from the rest of the verb: *be-, emp-, ent-, er-, ge-, miss-, ver-, zer-*.
Here are some **inseparable verbs** you might use.

beginnen	to begin/start	*übernachten*	to stay the night
begrüßen	to greet, welcome	*unterschreiben*	to sign
bekommen	to receive, get	*verbieten*	to forbid
benutzen	to use	*verbringen*	to spend (time)
beschreiben	to describe	*verdienen*	to earn
besprechen	to discuss	*vergessen*	to forget
bestellen	to order (e.g. in restaurant)	*verkaufen*	to sell
besuchen	to visit	*verlassen*	to leave (place)
bezahlen	to pay (for)	*verlieren*	to lose
empfehlen	to recommend	*vermieten*	to rent/hire out
enthalten	to contain	*verpassen*	to miss (bus)
sich entscheiden	to decide	*verstehen*	to understand
erreichen	to reach	*versuchen*	to try (to do something)
erzählen	to tell	*wiederholen*	to repeat
gewinnen	to win	*zerstören*	to destroy

3 In the list above, highlight in one colour the inseparable prefix of each verb (e.g. **beginnen**). Now look at the part of the verb after the prefix. In another colour, highlight the ones that you already know (e.g. be**kommen**).
Put a tick next to the full verbs that you already know. Try to learn as many of the others as possible.

4 Read the sentences and say whether the verbs are separable (S) or inseparable (I).

a Nach dem Mittagessen schlafen wir immer ein. _____

b Der Umweltschmutz zerstört unseren Planet. _____

c Ich versuche, etwas für unsere Umwelt zu tun. _____

d Wann stehst du am Wochenende normalerweise auf? _____

e Verstehst du die Frage nicht? _____

f Wir gewinnen nie im Lotto. _____

g Nach dem Essen spüle ich manchmal ab, aber nicht oft! _____

h Füllst du bitte meine Tasse auf? _____

5 Translate into German.

a We usually get up at quarter to seven.
_____.

b My mother prepares breakfast for us.
_____.

c I leave the house at half past seven.
_____.

d The bus arrives quite quickly at school.
_____.

e I discuss my homework with my friends.
_____.

f We get on well with the teachers.
_____.

See page 50 for practice using separable and inseparable verbs in the perfect tense.

Reflexive verbs

TIPP

Reflexive verbs need a pronoun to complete their meaning. Most take the accusative reflexive pronoun, but a few use the dative form (see Pronouns, page 34).

*Ich interessiere **mich** für Sport.* – I'm interested in sport.

*Ich mache **mir** Sorgen um Jochen.* – I'm worried about Jochen.

1 Complete the table.

Subject (nominative)	Reflexive pronouns	
	Accusative	Dative
		mir
du	dich	
er, sie, es		sich
	uns	
ihr		euch
Sie	sich	
sie		sich

2 Fill the gaps in the meanings of some common accusative reflexive verbs:

sich anziehen	to get dressed
sich ausziehen	to get _____
sich umziehen	to get changed
sich ausruhen	to have a rest
sich beeilen	to hurry
sich duschen	to have a _____
sich erinnern (an etwas)	to remember (something)
sich freuen (auf etwas)	to look _____ (to something)
sich fühlen	to feel
sich hinlegen	to lie down
sich hinsetzen	to sit _____
sich interessieren (für etwas)	to be _____ (in something)
sich sonnen	to _____

3 Draw lines to match the sentence halves.

1 Wann ziehst du
2 Vor dem Spiel ziehe ich
3 So spät schon?! Ich muss
4 Meine Eltern freuen
5 Morgens werden wir
6 Erinnert ihr
7 Fühlen Sie
8 Vielleicht sollten Sie
9 Wofür interessiert sich

a euch an Ahmed?
b mich wirklich beeilen.
c sich ein bisschen hinsetzen.
d dich normalerweise an?
e sich nicht so gut?
f deine Brieffreundin?
g uns am Strand sonnen.
h mich natürlich um.
i sich auf die Ferien.

4 Choose five verbs from the list in Exercise 2 and for each verb write a sentence about yourself or a friend. Use the examples in Exercise 3 to help you:

e.g. (sich interessieren) *Ich interessiere mich sehr für Sport.*

a _____

b _____

c _____

d _____

e _____

> **TIPP**
>
> Verbs that take the **dative reflexive** pronoun often have a direct object in the sentence. Compare these sentences:
>
> *Ich ziehe mich vor dem Frühstück an.* – I get dressed before breakfast.
> (*mich* = accusative reflexive pronoun – I dress 'myself')
> *Ich ziehe mir einen Pullover an.* – I put a jumper on.
> (*einen Pullover* = accusative direct object, the thing I'm putting on)
> (*mir* = dative reflexive pronoun to show that I'm putting the jumper onto myself and not anybody else)
>
> Here are some common **dative reflexive verbs**:
>
> | | |
> |---|---|
> | sich (etwas) ansehen | to watch (something) |
> | sich (etwas) anziehen | to put (something) on |
> | sich (etwas) ausziehen | to take (something) off |
> | sich (die Haare) bürsten | to brush (your hair) |
> | sich (die Haare) kämmen | to comb (your hair) |
> | sich (etwas) kaufen | to buy oneself (something) |
> | sich (etwas) leisten | to afford/treat oneself (to something) |
> | sich Sorgen machen | to be worried |
> | sich (etwas) überlegen | to think about, consider (something) |
> | sich vorstellen | to imagine |
> | sich (die Hände) waschen | to wash (your hands) |
> | sich (etwas) wünschen | to wish (for something) |

5 Highlight the verbs you already know in this list. Write down some ways to help you remember the ones you don't yet know.

_____
_____
_____
_____

6 For each sentence write D if it contains a dative reflexive pronoun, and write A if it has an accusative reflexive. For many of the pronouns you cannot tell whether they are accusative or dative so you will have to use other clues.

a Mach dir keine Sorgen um deinen Freund – alles wird gut gehen. _____

b Ich habe mir eben das Gesicht gewaschen. _____

c Abends ziehe ich mich vor dem Essen um. _____

d Sie können sich kein neues Auto leisten. _____

e Er zieht sich eine Jacke an, weil es kalt ist. _____

f Wir interessieren uns nicht für Rockmusik. _____

g Die Spieler mussten sich nach dem Spiel duschen. _____

7 Translate into German.

a I wash my hands before lunch.

_____
_____ .

b He's buying himself a new computer.

_____
_____ .

c We can afford a cake.

_____
_____ .

d Have you (*du*) cleaned your teeth?

_____
_____ ?

e She's putting a jumper on.

_____
_____ .

f I'm worried about my friend.

_____
_____ .

Tenses

Present tense

> **TIPP**
>
> The **present tense** is used as in English, but, unlike in English, there is only one form of the present in German. Look at these examples:
>
> *Ich spiele jeden Samstag Fußball.* – <u>I play</u> football every Saturday.
>
> *Was <u>spielst du</u> jetzt?* – What <u>are you playing</u> now?
>
> *Ich spiele Fußball.* – <u>I'm playing</u> football.
>
> *Du spielst nicht in der Mannschaft!* – <u>You don't play</u> in the team!
>
> *Doch! Ich spiele doch in der Mannschaft.* – Yes, <u>I **do** play</u> in the team.

1 Find the German for these sentences. Write the appropriate letter (a–f). You will use some letters more than once.

1. Do you listen to music? _____
2. You fall asleep. _____
3. We're listening to music. _____
4. Are you falling asleep? _____
5. We listen to music. _____
6. You're not falling asleep. _____
7. You're falling asleep. _____
8. We don't listen to music. _____
9. Are you listening to music? _____
10. You do fall asleep. _____

a Wir hören Musik.
b Wir hören keine Musik.
c Hörst du Musik?
d Du schläfst ein.
e Schläfst du ein?
f Du schläfst nicht ein.

> **TIPP**
>
> Most verbs have the same **endings** in the **present tense**.

Weak (regular) verbs

> **TIPP**
>
> **Weak** (regular) verbs form the present tense by taking *-en* from the infinitive (to give the **stem**) and adding these endings:
>
> | ich | -e | wir | -en |
> |---|---|---|---|
> | du | -st | ihr | -t |
> | er/sie/es/man | -t | Sie | -en |
> | | | sie | -en |
>
> If the stem ends in *-t* or *-d* or three consonants (e.g. *-chn*, *-ckn*), add an extra *-e* before the *du*, *er/sie/es/man* and *ihr* endings. This is just to make pronunciation easier.
>
> | infinitive | arbeit**en** | bad**en** | zeichn**en** | trockn**en** |
> |---|---|---|---|---|
> | stem | arbeit- | bad- | zei**chn**- | tro**ckn**- |
> | er/sie/es | arbeit**et** | bad**et** | zeichn**et** | trockn**et** |

2 Put these infinitives into the correct present tense forms. Look out for one separable and one reflexive verb!

a wohnen   ich   _____
b arbeiten   du   _____
c stellen   er   _____
d sich bürsten   sie   _____
e brauchen   es   _____
f machen   man   _____
g hassen   wir   _____
h mieten   ihr   _____
i einkaufen   Sie   _____
j sagen   sie   _____

Strong (irregular) verbs

3 Choose the correct verb in the box to complete these sentences.

Marina (1) _____ jeden Abend ein paar Stunden fern. In ihrem Zimmer (2) _____ es einen großen Fernseher. Sie (3) _____, dass zu viel Fernsehen nicht gut ist, aber das (4) _____ nicht. Manchmal (5) _____ sie vor dem Fernseher ein.

Ihre Schwester Linda ist sportlich. Sie (6) _____ oft im Park und (7) _____ sich mit Freunden im Sportzentrum. Die Eltern sagen: „Warum (8) _____ ihr nicht zusammen zum Sportzentrum?" Linda (9) _____ also ihre Schwester mit. Jetzt (10) _____ Marina ihr Zimmer viel öfter. Sie (11) _____ zweimal in der Woche mit ihrer Schwester zum Fitness-Klub. „(12) _____ ihr! Das ist viel besser", sagen die Eltern.

> fahrt   fährt   gibt   hilft   läuft   nimmt
> schläft   seht   sieht   trifft   verlässt   weiß

TIPP

Strong (irregular) verbs in the **present tense** almost all have the same endings as weak verbs (*-e, -st, -t, -en, -t, -en, -en*). There may be a change to the **stem**, but **only** in the *du* and *er/sie/es* forms, and the stem change will be the same for both forms.

Some of these changes follow a pattern, but if you're not sure, check in the table of strong and irregular verbs (pages 71–72). The most common stem changes are:

e– i or ie (e.g. g**e**ben – du g**i**bst, er/sie/es g**i**bt; s**e**hen – du s**ie**hst, er/sie/es s**ie**ht)

a– ä (e.g. f**a**hren – du f**ä**hrst, er/sie/es f**ä**hrt; l**au**fen – du l**äu**fst, er l**äu**ft)

4 Complete the table with the correct present tense forms. Look out for one separable and one reflexive verb!

	Infinitive	ich	du	er/sie/es	ihr	Sie
1	sprechen					
2	helfen					
3	essen					
4	halten					
5	lassen					
6	nehmen					
7	fahren					
8	sich waschen					
9	fallen					
10	einschlafen					

5 Complete the sentences with the correct form of the verbs. Then translate into English – think carefully about how you translate the present tense.

a Normalerweise (nehmen) _____ Wolfgang den Bus, aber heute (fahren) _____ er mit dem Rad zur Schule.

_____

_____.

b (essen) _____ ihr jeden Tag etwas in der Pause?

_____?

c Ich (waschen) _____ mir immer das Gesicht nach dem Essen.

_____.

d Warum (laufen) _____ du weg? Es (geben) _____ noch viel zu sehen.

_____

_____.

> **TIPP**
>
> The irregular verbs *haben*, *sein* and *werden* are widely used and need to be learnt. See also pages 48–52, 56 and 80.

6 Complete the explanation using words from the box.

The verb *haben* means 'to have'. It is only slightly (1) _____ in the present tense – no letter *-b-* in the (2) _____ and *er/sie/es* forms.

In the (3) _____ tense, most verbs use *haben* as the (4) _____ (*ich **habe** … gespielt* etc.). In English, 'to be' is used to express hunger and thirst, but in German you have to use (5) _____ and say 'I have hunger/thirst' etc. (*ich **habe** Hunger; ihr* (6) _____ *Durst*).

| auxiliary | du | haben | habt | irregular | perfect |

7 Complete the table. The shaded areas show where the verb is irregular.

	haben	to have
ich		
du	hast	
er/sie/es		he/she/it has
wir	haben	
ihr	habt	
Sie		
sie	haben	they have

8 Complete the explanation using words from the box.

The verb *sein* means '(1) _____'. It is very (2) _____ in all forms but it is widely used.

Many verbs use *sein* as the auxiliary to form the perfect (3) _____, (*er* (4) _____ *… gegangen* etc.), but this is still translated as 'I (5) _____ gone' etc.

| have | irregular | ist | tense | to be |

9 Complete the table.

	sein	to be
ich		I am
du	bist	
er/sie/es		
wir	sind	
ihr	seid	
Sie	sind	you are
sie		

10 Complete the explanation using words from the box.

The verb *werden* means '(1) _____' or 'to be going to be' and is often used to talk about (2) _____ and careers (*er wird Lehrer*).

Like most irregular verbs in the present tense it only changes in the (3) _____ and *er/sie/es* forms. One of its main uses is with the infinitive of another verb to form the (4) _____ tense (*ich werde … arbeiten* etc.). In that case it means 'I will work' or 'I (5) _____ to work' etc.

| am going | du | future | jobs | to become |

11 Complete the table.

	werden	to become (etc.)
ich		
du	wirst	you become
er/sie/es	wird	
wir	werden	
ihr		
Sie	werden	
sie		

12 Add the correct part of *haben*, *sein* or *werden*.

a _____ du Hunger?
b Wann _____ die Sommerferien?
c Was _____ du nächstes Jahr machen?
d Wie viel Geld _____ er?
e Ich sehe euch nicht. Wo _____ ihr?
f Wann _____ deine ältere Schwester Ärztin?

Perfect tense

> **TIPP**
>
> The **perfect tense** is the main tense used to talk about the past. The perfect tense of 'to buy' (*kaufen*) can be translated as 'bought', 'have bought', 'did buy' etc.

1 Find the German for these sentences. Write the appropriate number (1–6). You will use each number more than once.

a I have played table tennis. _____
b Haven't you been playing table tennis? _____
c He's gone to Berlin. _____
d Did you play table tennis? _____
e He didn't go to Berlin. _____
f Has he gone to Berlin? _____
g Have you played table tennis? _____
h I played table tennis. _____
i He hasn't gone to Berlin. _____
j Didn't you play table tennis? _____
k Have you been playing table tennis? _____
l Did he go to Berlin? _____
m He went to Berlin. _____
n Haven't you played table tennis? _____
o I've been playing table tennis. _____

1 Ich habe Tischtennis gespielt.
2 Hast du Tischtennis gespielt?
3 Habt ihr keinen Tischtennis gespielt?
4 Er ist nach Berlin gefahren.
5 Ist er nach Berlin gefahren?
6 Er ist nicht nach Berlin gefahren.

> **TIPP**
>
> There are two parts to the perfect tense:
> - the **auxiliary** (takes the **normal position** of the verb)
> - the **past participle** (**goes to the end** of the clause).
>
> Most verbs, including reflexives, form the perfect with the present tense of the auxiliary verb *haben* and a past participle. A few verbs form the perfect with the auxiliary *sein*.
>
> Most past participles begin with *ge-* and end in *-t* or *-en*.

2 Underline the auxiliary and circle the past participle in each sentence. Translate each sentence into English.

a Was hast du gestern gemacht?
_____.

b Ich bin mit Max in die Stadt gefahren.
_____.

c Wir haben neue Kleidung gekauft.
_____.

d Nach dem Abendessen habe ich Karten gespielt.
_____.

e Wann bist du ins Bett gegangen?
_____.

f Gegen 11 Uhr ist meine Mutter ins Zimmer gekommen.
_____.

g Sie hat „Gute Nacht" gesagt.
_____.

h Aber dann habe ich das Buch gelesen, das du mir gegeben hast.
_____.

i Dieses Buch habe habe ich sehr interessant gefunden.
_____.

j Heute Morgen habe ich lange geschlafen.
_____.

TIPP

Weak verbs form the past participle from the stem with the prefix *ge-* and the ending *-t* (**ge**kauf**t**). Sometimes the ending needs to be *-et* to make pronunciation easier (**ge**zeichn**et**).

3 Write the past participle of these verbs.

a tanzen   ich habe _____
b sparen   du hast _____
c reichen   er hat _____
d machen   sie hat _____
e arbeiten   es hat _____
f mieten   wir haben _____
g lernen   ihr habt _____
h hören   Sie haben _____
i leben   sie haben _____

4 Choose five verbs from Exercise 3 and write a sentence in the perfect tense for each.

a _____.
b _____.
c _____.
d _____.
e _____.

TIPP

Strong verbs often have a changed stem. They take the *ge-* prefix but have an *-en* ending (**ge**ss**en**, **ge**sung**en**, **ge**holf**en**). The stem change sometimes follows a pattern, e.g.:

   i → o   (beginnen, schwimmen)
   ie → o   (bieten, schließen)
   e → o   (brechen, helfen, nehmen)
   ei → ie   (bleiben, scheinen, schreiben, schreien)
   ei → i   (reiten, schneiden)

However, most irregular past participles simply need to be learnt. This is not as bad as it seems – there are some common verbs that you will use frequently (*kommen, gehen, fahren* etc.) so you must learn those anyway. For many of the others, it will be sufficient to recognise the verb and know the meaning.

5 Write the appropriate perfect tense next to the infinitive. Choose from the box.

a nehmen _____
b helfen _____
c bleiben _____
d essen _____
e beginnen _____
f halten _____
g brechen _____
h sein _____
i fahren _____
j schließen _____
k gehen _____
l schreiben _____
m stehen _____
n treffen _____
o werden _____
p sprechen _____

> hast ... gehalten
> hat ... gegessen
> sind ... gefahren
> habt ... getroffen
> habe ... geholfen
> bin ... gegangen
> haben ... gesprochen
> hat ... genommen
> seid ... gewesen
> hat ... gestanden
> ist ... geblieben
> haben ... gebrochen
> hat ... begonnen
> hast ... geschrieben
> haben ... geschlossen
> ist ... geworden

> **TIPP**
>
> In the **past participle**, **mixed verbs** have a mixture (as the name suggests!) of weak and strong elements. The stem is often different (like strong verbs), but the prefix and ending of the past participle are the same as weak verbs (ge...t).

6 Write the infinitive of these perfect tense verbs and the meaning.

	infinitive	meaning
a hat ... gebracht	_____	_____
b hat ... gedacht	_____	_____
c hat ... gehabt	_____	_____
d hat ... gekannt	_____	_____
e hat ... gesandt	_____	_____
f hat ... gewusst	_____	_____

> senden   bringen   wissen
> kennen   haben   denken

> **TIPP**
>
> **Separable verbs** form the **past participle** by inserting *-ge-* between the separable prefix and the verb stem. Remember, some of these verbs are weak (*ge...t*) and some are strong (*ge...en*); some take *haben* and some take *sein* as the auxiliary.

7 Complete each sentence with the verb in brackets. The prefix is in bold and there is an indication of whether the verb is weak (W), strong (S) or mixed (M).

a Am Wochenende habe ich mein Zimmer _____. (**auf**räumen) (W)

b Wir haben gestern Abend bei Freunden _____. (**fern**sehen) (S)

c Du bist sehr spät _____. (**ein**schlafen) (S)

d Ich bin heute um 6 Uhr _____. (**auf**wachen) (W)

e Ich habe mich sehr warm _____. (**an**ziehen) (S)

f Hast du dieses Formular schon _____? (**aus**füllen) (W)

g Oliver ist zum Jugendklub _____. (**mit**kommen) (S)

h Er hat seine Gitarre _____. (**mit**bringen) (M)

> **TIPP**
>
> **Inseparable verbs** and those ending in *-ieren* do not take the *ge-* prefix on the **past participle**. They just add *-t* or *-en* depending whether they are weak or strong: verstand**en**, telefonier**t**.

8 Choose a past participle to complete each sentence.

a Erik hat 50 Euro von seiner Oma _____.

b Wir haben das Thema „Jugend und Politik" _____.

c Die chinesischen Besucher haben kein Wort _____.

d Wir haben unsere Gäste offiziell im Rathaus _____.

e Ich habe die Gruppe mit meinem neuen Apparat _____.

f Hast du von der Telefonzelle oder vom Handy _____?

g Ich habe _____, mein neues Handy zu benutzen.

h Habt ihr diese Bonbons _____? Sie schmecken toll!

> begrüßt   diskutiert   erhalten   fotografiert
> probiert   telefoniert   verstanden   versucht

TIPP

Some verbs form the perfect with the auxiliary *sein*. These mostly show a change of place or state. They do **not** have a direct object.

*gehen – ich **bin** gegangen*
*aufwachen – du **bist** aufgewacht*
*werden – er **ist** geworden*
*bleiben – wir **sind** geblieben*
*sein – sie **sind** gewesen*

9 Which auxiliary is used in the following sentences? Write *haben* or *sein*. Then write the infinitive of the verb used.

	Aux.	Infinitive
a Wann bist du nach Hause gegangen?	____	____
b Wir haben die letzte Stunde frei gehabt.	____	____
c In unserer Stadt ist Recycling viel besser geworden.	____	____
d Habt ihr den Film im Ersten gesehen?	____	____
e Zum Geburtstag habe ich neue Socken bekommen!	____	____
f In den Ferien sind wir zu Hause geblieben.	____	____
g Wann seid ihr nach der Party aufgestanden?	____	____
h Bastian hat mich zum Konzert eingeladen.	____	____

TIPP

A few verbs can have *haben* or *sein* as the auxiliary, depending on the meaning:

Er ist nach Freiburg gefahren.
He went/drove to Freiburg.
(change of place, no direct object – use *sein*)

Er hat das Auto zu schnell gefahren.
He drove the car too quickly.
(direct object – use *haben*)

10 Fill the gap with the correct form of *haben* or *sein*.

a Wir _____ im August nach Amerika geflogen.
b Mein Onkel _____ einen Hubschrauber geflogen.
c Ich _____ mein neues Pony zum ersten Mal geritten.
d _____ ihr am Strand geritten?
e Nach der Schule _____ sie sich umgezogen.
f Meine beste Freundin _____ nach München umgezogen.

| habe | haben | hat | ist | Seid | sind |

TIPP

Reflexive verbs form the perfect with the auxiliary *haben*. They form the past participle as any other verb – some are weak, some are strong and some are mixed. The reflexive pronoun normally goes immediately after the auxiliary. This applies to all reflexives, both accusative and dative.

11 Write full sentences in German following the prompts:

e.g. ich – sich duschen – vor dem Frühstück
Ich habe mich vor dem Frühstück geduscht.

a ihr – sich sonnen – jeden Tag – in Spanien

_____

_____.

b wir – sich anziehen – für das Konzert

_____

_____.

c du – sich interessieren – als Kind – für Plüschtiere ?

_____

_____.

d ich – sich kaufen – heute – ein neues Hemd

_____

_____.

e nach dem Spiel – sie (*they*) – sich hinsetzen

_____

_____.

12 Complete the summary of the perfect tense.

The perfect tense is used to talk about the (1) _____. It is made up of two parts – the (2) _____ and the (3) _____.

For most verbs, the auxiliary is (4) _____. This applies to all (5) _____ verbs. Some verbs use (6) _____ as the auxiliary. These verbs often involve a change of (7) _____ or state.

Weak verbs form the past participle with the prefix (8) _____ and the ending (9) _____.

Most strong verbs form the past participle with ge- and the ending (10) _____. There is often a change to the (11) _____.

(12) _____ and mixed verbs have the weak prefix and ending, but the stem usually changes.

Separable verbs put -ge- in the (13) _____ of the past participle (e.g. fern**ge**sehen).

Inseparable and -ieren verbs (14) _____ put ge- on the past participle.

auxiliary	do not	-en	ge-	haben	middle
Modal	past	past participle	place
reflexive	sein	stem	-t

13 Write the perfect tense of these verbs.

a sich waschen   ich   _____
b sagen   du   _____
c müssen   er   _____
d ankommen   sie (she) _____
e sein   es   _____
f finden   wir   _____
g lieben   ihr   _____
h schwimmen   Sie   _____
i sich befinden du   _____
j verwenden   ich   _____

14 Rewrite these sentences in the perfect tense.

a Wir machen Interviews in der Klasse.

b Es tut mir Leid!

c Ich fliege nach Paris.

d Du kriegst gute Noten.

e Herbert fängt in der Schule später als ich an.

f Elke isst manchmal im Café.

g Die Deutschstunde ist zu kurz.

h Ich wähle Fremdsprachen.

i Du überlegst dir deine Wahlfächer.

j Sie wird Ingenieurin.

15 Choose eight different verbs and for each write a sentence about what you did last week.

a _____.
b _____.
c _____.
d _____.
e _____.
f _____.
g _____.
h _____.

Imperfect tense (simple past)

TIPP

In German, one of the easiest ways to talk about the past is by using the **imperfect tense** (also known as the **simple past**). It is generally more common in written than in spoken language.

ich spielte – I played; *er war* – he was; *sie hatten* – they had; *wir mussten* – we had to.

To form the **imperfect tense, weak verbs** add these endings to the stem:

ich	-te
du	-test
er/sie/es	-te
wir	-ten
ihr	-tet
Sie	-ten
sie	-ten

Note that these are mostly similar to the present tense endings with -t- inserted.

Sometimes an extra -e- is added to help pronunciation (*sie wart**e**ten*).

1 Write the appropriate form of the imperfect tense.

a telefonieren   er   _____
b sagen   sie (*she*)   _____
c macht   es   _____
d einkaufen   ich   _____
e antworten   du   _____
f lernen   man   _____
g sich setzen   ihr   _____
h studieren   Sie   _____
i sparen   wir   _____
j kriegen   sie (*they*)   _____

TIPP

In the **imperfect tense, mixed and modal verbs** have the same endings as weak verbs, but the stem may change: *bringen – ich brach**te**; haben – du hat**test**; müssen – er muss**te**.*

2 Match these imperfect tenses (1–12) to their infinitives (a–l).

1 ich brachte   a dürfen
2 sie dachte   b können
3 er durfte   c senden
4 es hatte   d wollen
5 wir kannten   e bringen
6 ich konnte   f haben
7 ihr mochtet   g mögen
8 du musstest   h denken
9 Sie sandten   i wissen
10 sie sollten   j müssen
11 wir wussten   k sollen
12 er wollte   l kennen

3 Choose five verbs from Exercises 1 and 2. Write a sentence for each in the imperfect tense.

a _____.
b _____.
c _____.
d _____.
e _____.

4 First do Exercise 5 on page 54 and look at the table of stem changes. Write these verbs in the imperfect tense. Then complete each sentence in a way that makes sense!

a kommen

   Er _____.

b bleiben

   Ich _____.

c sich waschen

   Wir _____.

d fliegen

   Sie _____.

e beginnen

   Es _____.

TIPP

Strong verbs usually change the stem in the **imperfect** and they have a different set of endings:

ich	–	wir	–en
du	–st	ihr	–t
er/sie/es/man	–	Sie	–en
		sie	–en

e.g. *fahren – ich fuhr; sehen – er sah; nehmen – wir nahmen*

5 Fill in the table to show the similarities and differences between weak, mixed and strong verbs in the imperfect tense.

Weak	Mixed	Strong
stem is regular	stem usually (1) _____	(2) _____ usually changes
most endings are similar to the (3) _____ tense endings, but with an extra –t(e)–	endings are the same as the (4) _____ verbs in the imperfect	endings are exactly the same as the present tense endings except for (5) _____ and *er/sie/es* forms
ich and *er/sie/es* forms are exactly the (6) _____	*ich* and (7) _____ forms are exactly the same	*ich* and *er/sie/es* forms are (8) _____ the same

TIPP

Here is a table of some imperfect stem changes.

Main vowel in infinitive	Main vowel in imperfect	Strong verb examples (infinitive)	Mixed/modal verb examples (infinitive)
a	ie	braten, fallen, halten, lassen, schlafen	
a	u	fahren, schlagen, waschen	
e	a	brechen, essen, geben, helfen, nehmen, sehen, sprechen, stehen, sterben, treffen, werfen	denken, kennen, senden
i	a	beginnen, gewinnen, schwimmen, sitzen, springen, trinken	bringen
ei	ie	bleiben, heißen, leihen, scheinen, schreiben, schreien, steigen	
ie	o	bieten, fliegen, frieren, schließen, verlieren, wiegen, ziehen	
ei/e	i	reiten, schneiden, gehen	
au/u	ie	laufen, rufen	
u/o/ie	a	tun, kommen, liegen	
ü	u		dürfen, müssen
ö	o		können, mögen
e/i	u		werden, wissen
sein	war	(*sein* is very irregular)	

Pluperfect tense

TIPP

The **pluperfect tense** describes what **had happened** before another event in the past. It is formed like the perfect tense, but using the imperfect tense of *haben* or *sein* + past participle, e.g. *wir hatten gespielt; sie war gegangen.*

	haben	sein	
ich	hatte	war	
du	hattest	warst	
er/sie/es/man	hatte	war	
wir	hatten	waren	+ *past participle*
ihr	hattet	wart	
Sie	hatten	waren	
sie	hatten	waren	

1 Underline the auxiliary and the past participle of the verbs that are in the pluperfect tense.

   a Im Jahr 2000 arbeitete sie in Berlin, und vorher hatte sie an der Uni studiert.
   b Er hatte seine Kreditkarte verloren und musste der Bank Bescheid sagen.
   c Max hatte nicht gemerkt, dass der Bus schon angekommen war.
   d Wir waren so schnell gefahren, dass wir eine Viertelstunde zu früh ankamen.
   e Vor zwei Jahren habe ich die *Fantastischen Vier* gemocht, aber davor hatte ich meistens *Rammstein* gehört.
   f Sie haben gewonnen, weil sie vor dem Spiel lange trainiert hatten.
   g Früher war ich nie in ein Konzert gegangen, aber dann hat mir meine Schwester zwei Karten geschenkt.
   h Der Urlaub war toll – das hatte ich nicht erwartet!
   i Oliver wollte mich ins Kino einladen, aber ich hatte den Film schon gesehen.
   j Sie hatten Durst, weil sie das Wasser nicht getrunken hatten.

2 Put these verbs into the pluperfect tense. a–e take *haben*, f–j take *sein*.

   a trinken   ich
   b spielen   wir
   c sich waschen   sie (*they*)
   d verlieren   du
   e regnen   es
   f gehen   sie (*she*)
   g bleiben   ich
   h einsteigen   er
   i sein   es
   j fallen   Sie

3 Complete the sentences in the pluperfect tense using words from the box.

   a Petra _____ die Antwort schon _____.
   b Meine Eltern _____ zehn Minuten zu spät in Hamburg _____.
   c Bastian _____ am Montag nicht zur Schule _____.
   d Die drei Kinder _____ den Kuchen heimlich _____.
   e Was _____ du vor der Deutschstunde _____?
   f Und warum _____ du auf den Tisch _____?

   | hatte   hatten   hattest   war   waren   warst |
   | angekommen   gegangen   gegessen |
   | gemacht   gesagt   gestiegen |

Future tense

TIPP

The **future tense** is formed using the present tense of *werden* plus the infinitive (at the end of the clause): *Ich* **werde** *Erdbeeren* **meiden**. – I will avoid strawberries.

TIPP

It is often sufficient to use the present tense to talk about the future, especially when combined with an expression of future time.

   Nächstes Jahr **fahre ich** *nach Deutschland.*
   I'm going to Germany next year.

See pages 30 and 69–70 for help with time phrases and pages 45–47 for help with the present tense.

1 Complete the present tense of *werden*.

   ich   _____
   du   wirst
   er/sie/es   _____
   wir   werden
   ihr   _____
   Sie   werden
   sie   _____

2 Underline the future tense in each sentence. Then translate each sentence into English.

   a Hoffentlich werde ich gute Noten bekommen.
   _____.

   b Wirst du nächstes Jahr mit mir Deutsch studieren?
   _____.

   c In den Sommerferien wird mein Freund ein Praktikum bei VW machen.
   _____.

   d Ihr werdet wie immer mit dem Wohnwagen nach Frankreich fahren.
   _____.

   e Wenn das Wetter so schlecht bleibt, werden wir nach Hause gehen müssen.
   _____.

3 Use the future tense to say three things about your plans for next year.

   a _____.

   b _____.

   c _____.

4 Translate these sentences into German – first use the present tense, then use the future tense. Think about the word order!

   a Next week I'm going to France.
   _____.
   _____.

   b In the summer holidays we're staying in Scotland.
   _____.
   _____.

   c After the German lesson you'll have maths.
   _____.
   _____.

   d She'll drink a glass of water after lunch.
   _____.
   _____.

   e Next month they're doing a work experience placement.
   _____.
   _____.

The conditional

TIPP

The conditional means 'would do', 'would buy' etc. It is formed using *würde* + infinitive:
*Ich **würde** kein großes Auto **kaufen**.* – I **would** not **buy** a big car.

ich	würde	wir	würden	
du	würdest	ihr	würdet	+
er/sie/ es/man	würde	Sie	würden	*infinitive*
		sie	würden	

TIPP

Modal and auxiliary verbs usually use the imperfect subjunctive to express the conditional, especially in *wenn* (**if**) clauses. The endings of the imperfect subjunctive are the same as on *würde* (see above): *haben – ich hätte; sein – ich wäre; können – ich könnte; sollen – ich sollte; mögen – ich möchte*.

*Wenn ich reich **wäre**, **würde** ich mir einen besseren Computer **kaufen**.*
If I **were** rich, **I'd buy** myself a better computer.

1 Underline the conditional and translate the sentences into English.

a Mein Großvater würde nie ins Ausland fahren.
_____.

b Wir würden den ganzen Abend am Computer verbringen.
_____.

c Ich würde nicht in einem Büro arbeiten.
_____.

d Zu viele Hausaufgaben würden Schüler müde machen.
_____.

e Ihr würdet keine Zeit für Hobbys haben.
_____.

f Würdest du im Winter nach Spanien fahren?
_____.

g Wer würde 1000 Euro für ein Kleid ausgeben?
_____.

h Nach einem Jahr würden Sie uns vergessen.
_____.

2 Put these verbs into the conditional.

a gewinnen   er _____
b aufstehen   ihr _____
c sich duschen wir _____
d kosten   es _____
e telefonieren du _____

3 Match the German to the English.
 1 Wenn ich viel Geld hätte, würde ich nicht arbeiten.
 2 Er würde nicht zur Party kommen, wenn Alexa nicht da wäre.
 3 Wenn ich gut tanzen könnte, würde ich zur Party gehen.
 4 Wenn sie wählen dürfte, würde sie zu Hause bleiben.
 5 Wenn das Wetter besser wäre, würden wir öfter ausgehen.

a If the weather were better we'd go out more often.
b If I could dance well, I'd go to the party.
c If I had lots of money, I wouldn't work.
d If she could choose, she'd stay at home.
e He wouldn't come to the party if Alexa wasn't there.

Constructions with the infinitive

TIPP

The infinitive is used in a number of constructions. The one thing they have in common is that the infinitive normally goes at the end of the clause. (See Word order page 66 for more practice.)

Here are some ways to use the infinitive:
- the future tense uses *ich werde* + infinitive
- the conditional uses *ich würde* + infinitive
- modal verbs (all tenses) are used with an infinitive.

Ich **werde/würde/muss** nach der Schule **arbeiten**.
I will/would/have to work after school.

1 Complete these sentences following the prompts.

a Du _____ heute eine Arbeit _____.
(*you have to write*)

b Was _____ wir nächste Woche _____?
(*will we do*)

c Ich _____ mir einen neuen Computer _____. (*I would buy*)

d _____ ihr uns nach der Schule _____?
(*can you phone*)

e Im Winter _____ sie in die Schweiz _____. (*she would go*)

TIPP

For most other verbs that need an infinitive you add *zu* before the infinitive.

Separable verbs insert *zu* between the prefix and the infinitive:

Ich **versuche**, mit meinem Freund **zu telefonieren**.
Sie **hofft**, morgen früh **aufzu**stehen.

2 Complete these sentences following the prompts.

a Ich hoffe, nächstes Jahr Deutsch _____.
(*to study*)

b Hast du versucht, früher _____? (*to get up*)

c Sie hat beschlossen, ein Jahr im Ausland _____. (*to spend*)

d Es hat plötzlich begonnen, sehr stark _____.
(*to rain*)

e Ich habe heute keine Lust, gebratenes Hähnchen _____. (*to eat*)

TIPP

Some common expressions follow the same pattern:
um ... zu ... – in order to (often just 'to')
ohne ... zu ... – without (doing something)
Sie wartete auf den Bus, **um** in die Stadt **zu fahren**.
She waited for the bus (in order) to go into town.

3 Draw lines to match the sentence halves.

1 Elena wird fleißiger lernen,
2 Haben sie den Laden verlassen,
3 Welchen Bus nimmst du,
4 Sie hat eine Kritik geschrieben,
5 Um sehr gut zu spielen,
6 Ohne ein einziges Wort zu sagen,

a ohne zu bezahlen?
b ist sie aus dem Zimmer gegangen.
c muss man viel üben.
d um bessere Noten zu bekommen.
e ohne das Buch zu lesen.
f um in die Stadtmitte zu kommen?

4 Complete these sentences with *zu* where necessary.

a Er wollte viel Geld _____, um eine Weltreise _____. (verdienen/machen)

b Du sollst das _____, ohne den Mund _____. (sagen/bewegen)

c Sie darf zum Stadion _____, um ihre Lieblingsmannschaft _____. (gehen/sehen)

d Wann hoffen Sie, Ihren Führerschein _____?
(machen)

e Ohne Deutsch _____, kann man nicht alles _____. (sprechen/verstehen)

f Wir haben vergessen, einen Pullover _____.
(mitnehmen)

The imperative

TIPP

The **imperative** is used to give orders or instructions. Because there are three words for 'you' in German, there are three ways of forming the imperative:

- *du* form – take the *-st* off the *du* form of the verb and drop the *du*:
  du bleibst – **bleib!**
- *ihr* form – simply drop the *ihr*:
  ihr bleibt – **bleibt!**
- *Sie* form – simply invert the verb and the pronoun *Sie*:
  Sie bleiben – **bleiben Sie!**

The verb *sein* (to be) is irregular: *sei! seid! seien Sie!*
Reflexives need the appropriate pronoun (*dich/euch/sich*).
Separable verbs send the separable prefix to the end.

1 Your German penfriend's family are giving you instructions and telling you to do things. Put the infinitives into the appropriate imperative form:
e.g. sich hinsetzen   *Setz dich hin!*

   a hereinkommen   _____
   b mal nach Hause telefonieren   _____
   c mehr essen   _____
   d Deutsch sprechen   _____
   e sich die Hände waschen   _____
   f gut schlafen   _____

2 Your teacher is telling the class to do things. Rewrite these sentences in the imperative:
e.g. Könntet ihr nicht gut zuhören? *Hört gut zu!*

   a Ihr müsst eine Arbeit schreiben!
   _____!
   b Ihr sollt Vokabeln lernen!
   _____!
   c Könntet ihr bitte schneller arbeiten?
   _____!
   d Ihr müsst rechtzeitig eure Hausaufgaben machen!
   _____!
   e Ihr sollt ruhig sein!
   _____!
   f Ihr dürft gut aufpassen!
   _____!

3 Tell your friend's parents what to do in Berlin:
e.g. die Mauer besichtigen *Besichtigen Sie die Mauer!*

   a die Museen besuchen
   _____!
   b in den großen Geschäften einkaufen
   _____!
   c die U-Bahn und Busse benutzen
   _____!
   d die Tiere im Zoo füttern
   _____!
   e sich eine Show ansehen
   _____!
   f im Café Kranzler Kaffee trinken
   _____!

4 Change the following statements into the imperative.

   a Ihr seht nicht zu viel fern. _____
   _____!
   b Du stehst früh auf. _____
   _____!
   c Sie sind um 10 Uhr da. _____
   _____!
   d Sie haben keine Angst. _____
   _____!
   e Du öffnest das Fenster. _____
   _____!
   f Ihr putzt euch die Nase. _____
   _____!

Summary of verb type usage

TIPP

The **present tense** is used to talk about what happens regularly and what is happening now. It can also be used to refer to the future (what is going to happen).

The **perfect tense** and the **imperfect tense** are used to talk about the past (what did happen, has happened).

The **pluperfect tense** is used to talk about what had happened (before something else happened in the past).

The **future tense** (using *werde* + infinitive) talks about what will happen at some point in the future.

The **conditional** (using *würde* + infinitive) talks about what would happen (if something else happened).

See pages 45–57 for help with all the tenses.

1 Underline the verb in each sentence and say what tense it is. Remember, some verbs have two parts.

a Jürgen steht normalerweise ziemlich früh auf. _____

b Letzten Dienstag hat er den Bus verpasst. _____

c Er hatte seinen Wecker einfach nicht gehört. _____

d Er ist zur Bushaltestelle gerannt. _____

e Vielleicht würde er den Bus noch erreichen. _____

f Der Bus war aber schon abgefahren. _____

g Er musste auf den nächsten Bus warten. _____

h Am Wochenende wird er sich einen besseren Wecker kaufen! _____

2 Put these verbs into the present tense.

a samstags spät aufstehen

Ich _____.

b ein Bad nehmen

Sie (*she*) _____.

c mit einem Freund telefonieren

Du _____.

d sich mit ihr treffen

Er _____.

e sich ein Eis kaufen

Ihr _____.

f nach Hause fahren

Du _____.

g ein bisschen fernsehen

Wir _____.

3 Complete the sentences using the perfect (P) and imperfect (I) tenses to talk about a past holiday.

a nach Griechenland fahren (P)

Ich _____.

b in einem Hotel wohnen (P)

Wir _____.

c gut sein (I)

Das Essen _____.

d viele Ruinen besichtigen ? (P)

_____ ihr _____?

e sich am Strand sonnen können (I)

Man _____.

f leider arbeiten müssen (I)

Wir _____.

g morgens um 4 Uhr ankommen (P)

Er _____.

4 Say what will or would happen.

a Ich _____ viel Geld gewinnen. (*will*)

b Das _____ toll sein! (*would*)

c Wir _____ uns neue Kleidung _____. (*will buy*)

d Sie _____ lange auf Partys _____. (*would stay*)

e Wann _____ ihr _____? (*would get up*)

f Was _____ Sie als Beruf _____? (*will do*)

g Ich _____ freiwillig _____. (*would work*)

Word order

Main clauses

TIPP

The **main verb** is always the **second idea** (but not necessarily the second word) in a German sentence. If there are two verbs that belong together (e.g. *ich muss ... lachen*) the main verb is the one that changes with the subject (i.e. *ich muss*). Similarly, in the perfect tense, the verb affected by the 'verb second' rule is the auxiliary (e.g. *ich habe ... gelacht*).

1 Highlight the main verb in these sentences.
  a Basel liegt im Norden der Schweiz.
  b Drei Städte in der Schweiz, Deutschland und Frankreich teilen sich den Flughafen.
  c Viele weltberühmte Pharma-Industrien haben ihren Sitz in der Stadt.
  d Die Altstadt hat schöne alte Gebäude.
  e Es gibt viele Besucher im Februar wegen Fasnacht.
  f Alt und Jung feiern bis spät in die Nacht.
  g Man kann jeden Tag große Schiffe und kleine Boote auf dem Rhein sehen.
  h Die Häuser, Wohnungen und Geschäfte am Ufer des Rheins haben einen schönen Blick auf den Fluss.

TIPP

If the subject of the verb does not start the sentence, it must go immediately after the verb.
*Am Ende des Schultags **gehe** ich gern ins Café.*

2 Underline the subject in these sentences – it is not always the first thing.
  a Der Sommer ist meistens ziemlich heiß in Basel.
  b Trotz der Industrie finden wir die Stadt einfach super.
  c Es gibt vier offizielle Sprachen in der Schweiz.
  d In diesem nördlichen Teil der Schweiz spricht man immer Deutsch.
  e Der Schweizer Akzent und einige Wörter sind ganz anders als in Deutschland.
  f Abends haben die Basler eine große Auswahl an Freizeitaktivitäten.

3 Rewrite these sentences with the underlined phrase at the beginning.
  a Wir fahren jeden Sommer in die Schweiz. _____
  b Es gibt frische Luft in den schönen Bergen. _____
  c Man kann den ganzen Tag mit Freunden wandern. _____
  d Viele ausländische Touristen sehen die Schweiz nur vom Reisebus. _____
  e Die wunderschönen Seen sind für Wassersport sehr beliebt. _____
  f Meine Cousins und ich wollen nächstes Jahr auf einer Sommerrodelbahn fahren. _____

4 Place the verb in the correct position.
  a Mein älterer Bruder seit acht Jahren in Basel. (wohnt)
  b Jedes Wochenende im Winter er in die Berge zum Snowboarden. (geht)
  c Mit der Bahn und dem Bus die Fahrt etwa drei Stunden. (dauert)
  d Leider seine Freundin letzten Februar einen Unfall. (hatte)
  e Sie immer noch nicht gut laufen. (kann)
  f Meine Freundin und ich nächsten Winter mit ihm snowboarden. (wollen).

Time – Manner – Place

TIPP

If there are several adverbs or adverbial phrases after a verb, they must be in this order:
- **time** (when?)
- **manner** (how?)
- **place** (where?)

Wir fahren jeden Tag mit dem Rad durch die Stadt.
Every day we cycle through town.

1 Rewrite these jumbled up sentences with the subject at the beginning.

a in einem Freizeitpark – mit einer Freundin – ich – arbeite – im Sommer

b im Sommer – Familien – an den Strand – fahren – mit ihren Kindern

c mit meinen Freunden – im Park – Rollschuh laufen – jedes Wochenende – kann – ich

d mit seiner Familie – mein englischer Brieffreund – eine Ferienwohnung – gemietet – hat – direkt am Meer – letzten August

e mit dem Rad – durch die Stadt – gefahren – wir – jeden Tag – sind

f arbeiten – ich – jeden Abend – im Café – sehr hart – muss

2 Using the information in Exercise 1, answer these questions. Start the answer with the part that is being asked for:

e.g. <u>Wo</u> arbeitest du im Sommer mit einer Freundin?
In einem Freizeitpark arbeite ich im Sommer mit einer Freundin.

a Mit wem fahren Familien im Sommer an den Strand?

b Wann kannst du mit Freunden im Park Rollschuh laufen?

c Was genau hat dein Brieffreund gemietet?

d Wie seid ihr durch die Stadt gefahren und wann?

e Wie oft musst du im Café arbeiten, und ist das hart?

3 Write out these sentences with the correct word order. Remember 'time – manner – place' and 'verb second' rules.

a In Berlin, der größten Stadt Deutschlands, jetzt ungefähr 3,4 Millionen Menschen wohnen.

b Meine Schwester studiert sehr hart in der Hochschule in Dortmund seit zwei Jahren.

c Nach Innsbruck viele Touristen mit Reisebussen kommen im Juli.

d Meine Brieffreundin wohnt in Bayern seit drei Jahren mit ihren Großeltern.

e An der Ostsee man kann Strandkörbe für die Familie jeden Sommer mieten.

f Der Physiker Albert Einstein zog nach Amerika 1932 mit seiner Familie.

Joining sentences – coordinating conjunctions

> **TIPP**
>
> **Coordinating conjunctions** are used to join two sentences of equal importance:
>
> *Max spielt gern Fußball. Seine Freundin treibt keinen Sport.*
>
> *Max spielt gern Fußball, **aber** seine Freundin treibt keinen Sport.*
>
> Common coordinating conjunctions are:
>
> und – and   oder – or
> aber – but   denn – for, because
>
> They do not affect the word order but are just added between the two clauses. There is usually a comma to separate the clauses.

1 Join the sentences using the coordinating conjunction in brackets.

  a Bastian isst immer etwas Gesundes. Er fühlt sich viel besser deswegen. (und)

    _____.

  b Die Stadt Hamburg ist sehr groß. Sie ist trotzdem sehr freundlich. (aber)

    _____.

  c Ich bin ein paar Mal nach Berlin gefahren. Die Stadt gefällt mir sehr. (denn)

    _____.

  d Heute Abend gehen wir ins Kino. Vielleicht könnten wir zum Bowling gehen. (oder)

    _____.

  e Florian lernt jetzt Mathe. Nächstes Jahr wird er das nicht mehr machen. (aber)

    _____.

2 Choose a suitable coordinating conjunction to complete the sentences. On separate paper, translate the sentences into English.

  a Junge Leute wollen viel verdienen, _____ sie möchten nicht sehr hart arbeiten.

  b Malena will Tierärztin werden, _____ sie hat Tiere so gern.

  c In der Schule hat Karin nicht viel gearbeitet, _____ als Lehrling ist sie sehr fleißig.

  d Ihr Bruder will Sport studieren, _____ vielleicht geht er zur Armee.

  e Er arbeitet in einem Sportzentrum, _____ er bekommt kein Geld dafür.

  f Das Leben in der Armee kann hart sein, _____ manchmal ist es sehr gefährlich.

Subordinating conjunctions

> **TIPP**
>
> **Subordinating conjunctions** introduce a clause that adds more information to the main clause:
>
> *Max spielt in einem Verein. Er spielt gern Fußball.*
>
> *Max spielt in einem Verein, **weil** er gern Fußball spielt.*
>
> Notice that the verb is at the end of the clause.

3 What kind of conjunctions are used in these sentences? Write C (coordinating) or S (subordinating).

  a Im Sommer spielen wir oft Tennis, aber im Winter ist Basketball unser Lieblingssport. _____

  b Ich spiele nicht Fußball, weil es für mich zu gefährlich ist. _____

  c Er weiß noch nicht, ob er später Sportlehrer werden möchte. _____

  d Man hat einen sicheren Job, aber es kann auch anstrengend sein. _____

  e Gesundes Essen ist wichtig, wenn man viel Sport treibt. _____

  f Miro hat drei Hamburger gegessen, obwohl er sie gar nicht mag. _____

  g Sie haben ihm nicht geschmeckt, aber er hatte so großen Hunger. _____

  h Ich hoffe, dass er keine Cola dazu getrunken hat. _____

TIPP

We have just seen that a subordinating conjunction introduces a clause that adds more information to the main clause. It sends the verb to the end of its clause and there is always a comma to separate the clauses.

Common subordinating conjunctions are:

als – when	*obwohl* – although
damit – so that	*während* – while
dass – that	*wenn* – if, whenever
ob – if, whether	*weil* – because

4 Join these sentences using the subordinating conjunction in brackets.

   a Ich esse jede Woche Fisch. Das ist gut für die Gesundheit. (weil)

   _____

   _____.

   b Wir fahren nicht gern Rad. Es regnet stark. (wenn)

   _____

   _____.

   c Ich bleibe noch eine Stunde hier. Du fährst mit Jens nach Hause. (während)

   _____

   _____.

   d Sie schreiben alles deutlich auf. Wir verstehen die Arbeit besser. (damit)

   _____

   _____.

TIPP

If the verb in a subordinate clause is separable, the two parts join together again:

   *Er **steht** um 7 Uhr **auf**.*

   *Ich weiß, **dass** er um 7 Uhr **aufsteht**.*

If there is a modal verb with an infinitive in a subordinate clause, the modal verb goes after the infinitive. The same applies to the future and conditional: *Sie kann heute nicht kommen, **weil** sie noch arbeiten **muss***.

If the subordinate clause is in the perfect tense, the auxiliary goes after the past participle: *Die Reise war gut, **obwohl** es die ganze Zeit geregnet **hat**.*

5 Join these sentences using the subordinating conjunction in brackets.

   a Mir ist schlecht. Ich habe heute nicht zu viel gegessen. (obwohl)

   _____.

   b Mein Freund ist nicht zufrieden. Er darf keine Süßigkeiten essen. (dass)

   _____.

   c Alle sind aufgestanden. Er ist ins Zimmer gekommen. (als)

   _____.

   d Ich warte unten im Wohnzimmer. Er zieht sich für die Party um. (während)

   _____.

   e Er weiß nicht. Wir werden den Bus verpassen. (ob)

   _____.

TIPP

If a sentence starts with a subordinate clause, that counts as the first part and must be followed by the main verb ('verb second' rule). This gives the pattern **verb – comma – verb**.

6 Rewrite these sentences putting the subordinate clause at the beginning:

   e.g. Ich fahre mit Freunden durch Europa, wenn ich mit der Schule fertig bin. *Wenn ich mit der Schule fertig **bin**, **fahre** ich mit Freunden durch Europa.*

   a Die Schüler dürfen zu Hause bleiben, während die Heizung in der Schule nicht funktioniert.

   _____

   _____.

   b Sie steht früh auf, obwohl sie heute keine Schule hat.

   _____

   _____.

   c Du wirst zu viele Fehler machen, wenn du nicht aufpasst.

   _____

   _____.

   d Alle hatten Angst, als die Direktorin plötzlich vor uns stand.

   _____

   _____.

Relative clauses

> **TIPP**
>
> Relative pronouns (see page 35) send the verb to the end of the clause, just like subordinating conjunctions. These **relative clauses** follow the same patterns as subordinate clauses:
>
> *Das ist die Sportlerin, **die** viele Medaillen gewonnen **hat**.*
> *Der Ball, **mit dem** wir jetzt **spielen**, ist viel zu alt.*
> *Das Spiel, **das** gerade **anfängt**, sollte sehr gut sein.*
>
> The relative pronouns are given in the following table.
>
> | | Masculine | Feminine | Neuter | Plural |
> |-------|-----------|----------|--------|--------|
> | Nom. | der | die | das | die |
> | Acc. | den | die | das | die |
> | Dat. | dem | der | dem | denen |

1 Highlight the main verb in these sentences. Say what gender and case the underlined words are and whether they are singular or plural:

e.g. Ich habe die Arbeit mit diesem Kuli geschrieben. *masc., dat., sing.*

a Sie hat mir das Bild zum Geburtstag geschenkt. _____

b Der Kuchen war für unsere Gäste. _____

c Unser Auto steht jetzt in der Werkstatt. _____

d Unsere Katze sitzt auf dem Stuhl. _____

e Ich fahre mit diesen Freunden nach Wien. _____

2 With the information from Exercise 1 (in the same order), use a relative pronoun to complete these sentences:

e.g. Das ist der Kuli, *mit dem ich die Arbeit geschrieben habe*.

a Ich liebe das Bild, _____.

b Wir haben den Kuchen gegessen, _____.

c Die Werkstatt, in _____, hat eben angerufen.

d Gehört Ihnen der Stuhl, _____?

e Ich gebe eine Party für die Freunde, _____.

> **TIPP**
>
> If you refer to a whole clause rather than to a noun, use *was* (which) and send the verb to the end:
>
> *Sie ist nicht zur Schule gekommen, **was** mich erstaunt **hat**.*
> She didn't come to school, **which** surprised me.

3 Join these sentences using *was*.

a Er hat mir Blumen geschickt. Das hat mich sehr gefreut.
_____.

b Wir haben keinen Saft mehr. Das darf nicht wieder passieren.
_____.

c Anja hat eine schlechte Note in Mathe. Das ist kaum zu glauben.
_____.

d Der Hund hat deine Hausaufgaben gefressen. Das finde ich unglaublich.
_____.

4 Join these sentences using relative pronouns or *was*, as appropriate.

a Wir machen eine Stadtrundfahrt. Die Stadtrundfahrt dauert zwei Stunden.
_____.

b Der Bus war sehr unbequem. Das hat mich erstaunt.
_____.

c Ich habe mich mit einer netten Dame unterhalten. Sie kommt aus Dresden.
_____.

d Ich wusste nicht, wo Dresden war. Das hat mich geärgert.
_____.

e Die Dame zeigte mir eine Karte. Wir konnten Dresden auf dieser Karte finden.
_____.

Infinitives

TIPP

When two verbs are used together, the second verb is in the infinitive. The **infinitive** goes at the end of a clause, unless the other verb has been sent beyond it because of a subordinating conjunction or relative pronoun:

Ich **werde** heute Abend nicht **fernsehen**,
(infinitive at end)
weil ich für eine Klassenarbeit **studieren muss**.
(other verb at end)

1 Use the prompts to form complete sentences.

a Andrea – will – sich ansehen – einen Film – obwohl – muss – gehen – früh ins Bett

_____.
_____.

b in der Schule – man – darf – nicht laufen – weil – gefährlich

_____.
_____.

c morgen – ich – will – ausgehen – weil – das Wetter – wird – warm – sein

_____.
_____.

d Malik – muss – kaufen – neue Fußballschuhe – obwohl – er – kann – es sich nicht leisten

_____.
_____.

e Herr X – möchte – werden – Präsident – obwohl – das – nie – wird – geschehen

_____.
_____.

Past participles

TIPP

Similarly, **past participles** are normally at the end of the clause unless something has sent the auxiliary to the end:

Max **hat** Fußball **gespielt**, während ich zu Hause **geschlafen habe**.

2 Fill the gaps with words from the box.

a Wann hat er _____, dass der Bus schon _____ war?

b Sie haben nicht gut _____, weil sie nicht geübt _____.

c Obwohl es nicht _____ hatte, _____ sie einen Regenschirm _____.

d Der Film, den ihr _____ _____, hat drei Oscars _____.

e Die Freunde, mit denen ich zur Party _____ _____, _____ spät nach Hause gekommen.

abgefahren	gegangen	geregnet	gesehen
gespielt	gewonnen	gewusst	habt	hat
hatten	mitgenommen	sind	war

3 Correct the word order in these sentences.

a Der Wolf, der hat die Oma schon gefressen, will fressen auch Rotkäppchen.

_____.

b Hast du gesehen den tollen Computer, den ich werde mir kaufen?

_____.

c Wenn meine Eltern sind in Berlin angekommen, sie sollen mich anrufen.

_____.

d Während ihr habt euch am Strand amüsiert, gelegen habe ich im Krankenhaus.

_____.

e Was machen willst du, wenn hat der Regen aufgehört?

_____.

Numbers, quantity, dates and times

Numbers

TIPP

Numbers are mostly written as one word. Although you rarely have to write larger numbers in words, you need to be able to say them. The bold in the following list shows how there are slight variations to the patterns (e.g. *siebzehn*).

Notice that a comma is not used to separate large numbers – a space is used instead.

0	null	10	zehn	20	zwanzig	100	(ein)hundert
1	eins	11	elf	21	einundzwanzig	101	(ein)hunderteins
2	zwei	12	zwölf	22	zweiundzwanzig	159	(ein)hundertneunundfünfzig
3	drei	13	dreizehn	30	dreißig	570	fünfhundertsiebzig
4	vier	14	vierzehn	40	vierzig	1000	(ein)tausend
5	fünf	15	fünfzehn	50	fünfzig	1001	(ein)tausend(ein)eins
6	sechs	16	**sech**zehn	60	**sech**zig	5432	fünftausendvierhundertzweiunddreißig
7	sieben	17	**sieb**zehn	70	**sieb**zig	1 000 000	**eine M**illion
8	acht	18	achtzehn	80	achtzig	6 000 000	sechs Million**en**
9	neun	19	neunzehn	90	neunzig		

Telephone numbers are usually given in pairs of numbers (e.g. 24 36 ... = *vierundzwanzig sechsunddreißig* ...).

1 Write these numbers as you would say them.

a Telefon: 39 52 73 91 44 _____

b 185 _____

c 7268 _____

d 9 876 543 _____

TIPP

German uses a comma instead of a decimal point:

1,5 – eins Komma fünf (1.5 – one point five)

2 Write these decimals as you would say them.

a 17,5% _____ Prozent

b 3,4 _____ Millionen Einwohner

c 99,9% _____

d 37,5°C _____ Grad Celsius

TIPP

Prices are also written with a comma. The currency is the same in the singular and plural and it is said in between the numbers (as in English):

€1,50 (1,50 Euro) – *ein Euro fünfzig*

€10,90 (10,90 Euro) – *zehn Euro neunzig*

3 Write these prices as you would say them.

a €16,40 _____

b €27,80 _____

c €1,95 _____

d CHF* 112,30 _____

e CHF 1506,50 _____

[*CHF = *Schweizer Franken* (normally just called *Franken*)]

Ordinal numbers

> **TIPP**
>
> To form **ordinal numbers** (first, second etc.), add *-t* to numbers from 2 to 19, and *-st* to 20 and above. The exceptions are *erst-* (first), *dritt-* (third) and *siebt-* (seventh).
>
> The words thus formed are now adjectives and need the appropriate endings (see Adjectives, pages 21–22): *der erste Tag*; *in der zehnten Klasse*; *zum hundertsten Mal*; *das einundzwanzigste Jahrhundert*.

1 Translate into German.

a the seventh day _____

b in the 11th class _____

c for the 20th time _____

d the 18th century _____

> **TIPP**
>
> To abbreviate ordinals, just add a dot after the number:
> *erst-* (1.) first (1st)
> *zweit-* (2.) second (2nd)
> *dritt-* (3.) third (3rd)
> *zwanzigst-* (20.) twentieth (20th)

2 Write these ordinals in abbreviated form:

e.g. *das einundzwanzigste Jahrhundert*
das 21. Jahrhundert

a mein sechzehnter Geburtstag

_____

b der vierundvierzigste Präsident

_____

c in der dreizehnten Klasse

_____

d am zwölften Mai

_____

> **TIPP**
>
> You can also use the ordinals to form fractions: 4 = *vier*; 4th = *viert-*; 1/4 = *ein Viertel*.
>
> Note the use of a capital letter as this is now a noun.
>
> There is one exception to this rule: 1/2 – *eine Hälfte* and *halb-* (*ein halber Liter*).

3 Write out these fractions as you would say them.

a 1/3 _____

b 1/5 _____

c 1/8 _____

d 1/20 _____

Quantity

> **TIPP**
>
> For a quantity of something, there is no need to say 'of': *ein Glas Milch, zwei Flaschen Cola, hundert Gramm Käse, viele Leute*.

4 Match the pairs.

1	hundert Gramm Wurst	a	a jar of jam
2	zwei Komma fünf Kilo Kartoffeln	b	a packet of noodles
3	ein Pfund (500 Gramm) Butter	c	lots of eggs
4	ein Liter Milch	d	2.5 kg potatoes
5	eine Flasche Limo	e	1 l milk
6	ein Glas Marmelade	f	100 g salami
7	ein Becher Jogurt	g	a box of chocolates
8	eine Packung Nudeln	h	a pot of yoghurt
9	eine Schachtel Pralinen	i	a bottle of lemonade
10	viele Eier	j	a pound (500 g) of butter

Dates

TIPP

For **dates**, use the ordinal numbers (see above) with the appropriate endings. There is no need to say 'of' in dates in German: (01/05) **Der erste** Mai ist ein Feiertag. – The first of May is a holiday.

1 Write these dates as you would say them in German.

  a (01/08) Der _____
  ist der Schweizer Nationalfeiertag.

  b (03/10) Der _____
  ist der Tag der Deutschen Einheit.

  c (26/10) Der _____
  ist der österreichische Nationalfeiertag.

  d (27/01) Der _____
  ist Mozarts Geburtstag.

TIPP

To say 'on' a date use *am* + dative. To say 'from' one date 'to' another use *vom* and *(bis) zum*:

Ich habe **am neunzehnten** März Geburtstag.

Vom zweiten bis zum sechzehnten August sind wir im Urlaub.

2 Answer these questions, writing the dates as you would say them.

  a Wann ist der Valentinstag?
  _____.

  b An welchem Tag fiel die Berliner Mauer? (09/11/1989)
  _____.

  c Wann ist Beethoven gestorben? (26/3/1827)
  _____.

  d Wann feiert man Weihnachten? (24–26/12)
  _____.

  e Wann ist Silvester? (31/12)
  _____.

  f Wann hast du Geburtstag?
  _____.

  g Wann sind die Sommerferien?
  _____.

TIPP

At the beginning of letters and postcards, use the accusative for the date: *Salzburg, den zwanzigsten August*. This is often written: *Salzburg, 20. August*.

3 Write these letter and postcard dates in full (as you would say them).

  a (10/05) Hamburg, _____
  b (15/06) Ulm, _____
  c (21/07) Köln, _____
  d (07/04) Wien, _____
  e (30/09) Bern, _____
  f (28/02) München, _____

4 Choose any four dates and say what happens on them. Remember to apply the correct word order.

  e.g. *Am dritten August fahre ich mit Freunden nach Italien.*

  a _____
  _____

  b _____
  _____

  c _____
  _____

  d _____
  _____

Times

TIPP

As in English, there are two ways of saying the **time**:
- The simplest way is just to use the hours and the minutes. For 24-hour clock times you must use this form:
  - *1.20 Uhr* (written) – *ein Uhr zwanzig* (spoken)
  - *2.45 Uhr* – *zwei Uhr fünfundvierzig*
  - *19.05 Uhr* – *neunzehn Uhr fünf*
- The other way is to use *nach* (past) and *vor* (to).

ein Uhr — fünf nach eins — zehn nach eins

Viertel nach eins — zwanzig nach eins — fünfundzwanzig nach eins

halb zwei — fünfundzwanzig vor zwei — zwanzig vor zwei

Viertel vor zwei — zehn vor zwei — fünf vor zwei

zwei Uhr — Mittag/Mitternacht

Pay particular attention to the way in which you say 'half past' the hour in German: it is halfway to the next hour: *halb **zwei*** means 'half past one'.

1 Write these times in the two different ways given in the Tipp. (You will have to change 24-hour times to 12-hour times for the second form):

e.g. 19.05 *neunzehn Uhr fünf – fünf nach sieben*

a 3.15 _____

b 5.20 _____

c 6.30 _____

d 20.45 _____

e 9.50 _____

f 23.10 _____

TIPP

Note how to say 'it is' and 'at' a time:
  *Wie spät **ist es**? Wie viel Uhr **ist es**?*
  – **Es ist** *4 Uhr.* – **It is** 4 o'clock.
  Wann *kommst du nach Hause?*
  – **Um** *5 Uhr.* – **At** 5 o'clock.

2 Answer the questions in German, writing the times in full as you would say them.

a Wie spät ist es jetzt?

_____.

b Wann stehst du normalerweise auf?

_____.

c Wann beginnt die erste Stunde?

_____.

d Um wie viel Uhr endet die Mittagspause?

_____.

e Wann gehst du unter der Woche ins Bett?

_____.

(See also pages 5 and 30 for practice of some common time phrases.)

Strong and irregular verbs

TIPP

The following verb list includes most of the strong and mixed verbs you will need.
[NB: The 3rd person singular (er/sie/es/man) form is given in the verb table. This allows you to work out the other forms.]
[*These verbs use *haben* as the auxiliary if they have a direct object (e.g. *Er hat den Bus gefahren*).]

Infinitive	Present	Imperfect	Perfect	Meaning
beginnen	beginnt	begann	hat begonnen	to begin/start
bieten	bietet	bot	hat geboten	to offer
bleiben	bleibt	blieb	ist geblieben	to stay, remain
braten	brät	briet	hat gebraten	to roast
brechen	bricht	brach	hat gebrochen	to break
bringen	bringt	brachte	hat gebracht	to bring
denken	denkt	dachte	hat gedacht	to think
dürfen	darf	durfte	hat gedurft	to be allowed to
essen	isst	aß	hat gegessen	to eat
fahren	fährt	fuhr	ist* gefahren	to go (= travel)
fallen	fällt	fiel	ist gefallen	to fall
fliegen	fliegt	flog	ist* geflogen	to fly
frieren	friert	fror	hat gefroren	to freeze
geben	gibt	gab	hat gegeben	to give
gehen	geht	ging	ist gegangen	to go (= walk)
gewinnen	gewinnt	gewann	hat gewonnen	to win
haben	hat	hatte	hat gehabt	to have
halten	hält	hielt	hat gehalten	to hold, stop
heißen	heißt	hieß	hat geheißen	to be called
helfen	hilft	half	hat geholfen	to help
kennen	kennt	kannte	hat gekannt	to know (people)
kommen	kommt	kam	ist gekommen	to come
können	kann	konnte	hat gekonnt	to be able to, "can"
lassen	lässt	ließ	hat gelassen	to let, leave (s.th)
laufen	läuft	lief	ist gelaufen	to run
leihen	leiht	lieh	hat geliehen	to lend
liegen	liegt	lag	hat gelegen	to lie (be lying down)

Infinitive	Present	Imperfect	Perfect	Meaning
mögen	mag	mochte	hat gemocht	to like (to)
müssen	muss	musste	hat gemusst	to have to, "must"
nehmen	nimmt	nahm	hat genommen	to take
reiten	reitet	ritt	ist* geritten	to ride (horse)
rufen	ruft	rief	hat gerufen	to call (= shout)
scheinen	scheint	schien	hat geschienen	to shine
schlafen	schläft	schlief	hat geschlafen	to sleep
schlagen	schlägt	schlug	hat geschlagen	to hit
schließen	schließ	schloss	hat geschlossen	to close
schneiden	schneidet	schnitt	hat geschnitten	to cut
schreiben	schreibt	schrieb	hat geschrieben	to write
schreien	schreit	schrie	hat geschrie(e)n	to shout, scream
schwimmen	schwimmt	schwamm	ist geschwommen	to swim
sehen	sieht	sah	hat gesehen	to see
sein	ist	war	ist gewesen	to be
senden	sendet	sandte	hat gesandt	to send
sitzen	sitzt	saß	hat gesessen	to sit (= be sitting)
sollen	soll	sollte	hat gesollt	to be supposed to, "should"
sprechen	spricht	sprach	hat gesprochen	to speak
springen	springt	sprang	ist gesprungen	to jump
stehen	steht	stand	hat gestanden	to stand
steigen	steigt	stieg	ist gestiegen	to climb
sterben	stirbt	starb	ist gestorben	to die
treffen	trifft	traf	hat getroffen	to meet (by intention)
trinken	trinkt	trank	hat getrunken	to drink
tun	tut	tat	hat getan	to do
verlieren	verliert	verlor	hat verloren	to lose
waschen	wäscht	wusch	hat gewaschen	to wash
werden	wird	wurde	ist geworden	to become, get
werfen	wirft	warf	hat geworfen	to throw
wiegen	wiegt	wog	hat gewogen	to weigh
wissen	weiß	wusste	hat gewusst	to know (facts)
wollen	will	wollte	hat gewollt	to want to
ziehen	zieht	zog	hat gezogen	to pull

Copyright OUP: photocopying prohibited

> **TIPP**
>
> Separable and inseparable compounds of the strong and mixed verbs (e.g. **be**schreiben, **auf**stehen) follow the same pattern as the root verb. In some cases, the auxiliary verb (in the perfect tense) is different from that of the root verb. In the following list, the root verb is in bold.

Infinitive	Present	Imperfect	Perfect	Meaning
ab**fahren**	fährt ab	fuhr ab	ist abgefahren	to depart
ab**schließen**	schließt ab	schloss ab	hat abgeschlossen	to lock (up)
an**halten**	hält an	hielt an	hat angehalten	to stop (vehicles)
an**kommen**	kommt an	kam an	ist angekommen	to arrive
an**nehmen**	nimmt an	nahm an	hat angenommen	to accept
sich an**sehen**	sieht sich an	sah sich an	hat sich angesehen	to watch
an**springen**	springt an	sprang an	ist angesprungen	to start (cars)
sich an**ziehen**	zieht sich an	zog sich an	hat sich angezogen	to get dressed
auf**stehen**	steht auf	stand auf	ist aufgestanden	to get up, stand up
aus**gehen**	geht aus	ging aus	ist ausgegangen	to go out
aus**kommen**	kommt aus	kam aus	ist ausgekommen	to get on (with)
aus**steigen**	steigt aus	stieg aus	ist ausgestiegen	to get off
be**kommen**	bekommt	bekam	hat bekommen	to receive, get
be**schreiben**	beschreibt	beschrieb	hat beschrieben	to describe
ein**schlafen**	schläft ein	schlief ein	ist eingeschlafen	to go to sleep
ein**steigen**	steigt ein	stieg ein	ist eingestiegen	to get on
fern**sehen**	sieht fern	sah fern	hat ferngesehen	to watch TV
mit**nehmen**	nimmt mit	nahm mit	hat mitgenommen	to take (with you)
um**steigen**	steigt um	stieg um	ist umgestiegen	to change (e.g. trains)
um**ziehen**	zieht um	zog um	ist umgezogen	to move house
sich um**ziehen**	zieht sich um	zog sich um	hat sich umgezogen	to get changed
unter**schreiben**	unterschreibt	unterschrieb	hat unterschrieben	to sign
ver**bieten**	verbietet	verbot	hat verboten	to forbid
ver**bringen**	verbringt	verbrachte	hat verbracht	to spend (= time)
ver**lassen**	verlässt	verließ	hat verlassen	to leave (place)
ver**stehen**	versteht	verstand	hat verstanden	to understand
vorbei**gehen**	geht vorbei	ging vorbei	ist vorbeigegangen	to go past (on foot)
weg**gehen**	geht weg	ging weg	ist weggegangen	to go away
weg**werfen**	wirft weg	warf weg	hat weggeworfen	to throw away
zu**nehmen**	nimmt zu	nahm zu	hat zugenommen	to grow (= get bigger)
zurück**kommen**	kommt zurück	kam zurück	ist zurückgekommen	to return, come/go back

Verb guide

> **TIPP**
>
> The following pages provide a reference guide with an example of different types of verb in all the main tenses and verb forms.

Weak verbs

Infinitive	spielen	to play
Stem	spiel-	–
Present tense	ich spiele	I play
	du spielst	you (familiar) play
	er/sie/es spielt	he/she/it plays
	wir spielen	we play
	ihr spielt	you (familiar pl.) play
	Sie spielen	you (polite) play
	sie spielen	they play
Imperfect tense	ich spielte	I played
	du spieltest	you (familiar) played
	er/sie/es spielte	he/she/it played
	wir spielten	we played
	ihr spieltet	you (familiar pl.) played
	Sie spielten	you (polite) played
	sie spielten	they played
Perfect tense	ich habe gespielt	I (have) played
	du hast gespielt	you (familiar) (have) played
	er/sie/es hat gespielt	he/she/it (has) played
	wir haben gespielt	we (have) played
	ihr habt gespielt	you (familiar pl.) (have) played
	Sie haben gespielt	you (polite) (have) played
	sie haben gespielt	they (have) played
Pluperfect tense	ich hatte gespielt	I (had) played
	du hattest gespielt	you (familiar) (had) played
	er/sie/es hatte gespielt	he/she/it (has) played
	wir hatten gespielt	we (had) played
	ihr hattet gespielt	you (familiar pl.) (had) played
	Sie hatten gespielt	you (polite) (had) played
	sie hatten gespielt	they (had) played

Future tense	ich werde spielen	I will play
	du wirst spielen	you (familiar) will play
	er/sie/es wird spielen	he/she/it will play
	wir werden spielen	we will play
	ihr werdet spielen	you (familiar pl.) will play
	Sie werden spielen	you (polite) will play
	sie werden spielen	they will play
Conditional	ich würde spielen	I would play
	du würdest spielen	you (familiar) would play
	er/sie/es würde spielen	he/she/it would play
	wir würden spielen	we would play
	ihr würdet spielen	you (familiar pl.) would play
	Sie würden spielen	you (polite) would play
	sie würden spielen	they would play
Imperative	spiel!	play!
	spielt!	
	spielen Sie!	

Future tense	ich werde nehmen	I will take
	du wirst nehmen	you (familiar) will take
	er/sie/es wird nehmen	he/she/it will take
	wir werden nehmen	we will take
	ihr werdet nehmen	you (familiar pl.) will take
	Sie werden nehmen	you (polite) will take
	sie werden nehmen	they will take
Conditional	ich würde nehmen	I would take
	du würdest nehmen	you (familiar) would take
	er/sie/es würde nehmen	he/she/it would take
	wir würden nehmen	we would take
	ihr würdet nehmen	you (familiar pl.) would take
	Sie würden nehmen	you (polite) would take
	sie würden nehmen	they would take
Imperative	nimm!	take!
	nehmt!	
	nehmen Sie!	

Strong verbs (with *haben*)		
Infinitive	nehmen	to take
Stem	nehm–	–
Present tense	ich nehme	I take
	du nimmst	you (familiar) take
	er/sie/es nimmt	he/she/it takes
	wir nehmen	we take
	ihr nehmt	you (familiar pl.) take
	Sie nehmen	you (polite) take
	sie nehmen	they take
Imperfect tense	ich nahm	I took
	du nahmst	you (familiar) took
	er/sie/es nahm	he/she/it took
	wir nahmen	we took
	ihr nahmt	you (familiar pl.) took
	Sie nahmen	you (polite) took
	sie nahmen	they took
Perfect tense	ich habe genommen	I took/have taken
	du hast genommen	you (familiar) took/have taken
	er/sie/es hat genommen	he/she/it took/has taken
	wir haben genommen	we took/have taken
	ihr habt genommen	you (familiar pl.) took/have taken
	Sie haben genommen	you (polite) took/have taken
	sie haben genommen	they took/have taken
Pluperfect tense	ich hatte genommen	I had taken
	du hattest genommen	you (familiar) had taken
	er/sie/es hatte genommen	he/she/it had taken
	wir hatten genommen	we had taken
	ihr hattet genommen	you (familiar pl.) had taken
	Sie hatten genommen	you (polite) had taken
	sie hatten genommen	they had taken

Strong verbs (with *sein*)

Infinitive	fahren	to go
Stem	fahr–	–
Present tense	ich fahre	I go
	du fährst	you (familiar) go
	er/sie/es fährt	he/she/it goes
	wir fahren	we go
	ihr fahrt	you (familiar pl.) go
	Sie fahren	you (polite) go
	sie fahren	they go
Imperfect tense	ich fuhr	I went
	du fuhrst	you (familiar) went
	er/sie/es fuhr	he/she/it went
	wir fuhren	we went
	ihr fuhrt	you (familiar pl.) went
	Sie fuhren	you (polite) went
	sie fuhren	they went
Perfect tense	ich bin gefahren	I went/have gone
	du bist gefahren	you (familiar) went/have gone
	er/sie/es ist gefahren	he/she/it went/has gone
	wir sind gefahren	we went/have gone
	ihr seid gefahren	you (familiar pl.) went/have gone
	Sie sind gefahren	you (polite) went/have gone
	sie sind gefahren	they went/have gone
Pluperfect tense	ich war gefahren	I had gone
	du warst gefahren	you (familiar) had gone
	er/sie/es war gefahren	he/she/it had gone
	wir waren gefahren	we had gone
	ihr wart gefahren	you (familiar pl.) had gone
	Sie waren gefahren	you (polite) had gone
	sie waren gefahren	they had gone

Future tense	ich werde fahren	I will go
	du wirst fahren	you (familiar) will go
	er/sie/es wird fahren	he/she/it will go
	wir werden fahren	we will go
	ihr werdet fahren	you (familiar pl.) will go
	Sie werden fahren	you (polite) will go
	sie werden fahren	they will go
Conditional	ich würde fahren	I would go
	du würdest fahren	you (familiar) would go
	er/sie/es würde fahren	he/she/it would go
	wir würden fahren	we would go
	ihr würdet fahren	you (familiar pl.) would go
	Sie würden fahren	you (polite) would go
	sie würden fahren	they would go
Imperative	fahr!	go!
	fahrt!	
	fahren Sie!	

Separable and inseparable verbs (both can be weak or strong)

	Separable	Inseparable
Infinitive	einkaufen – to shop	beschreiben – to describe
Present tense	ich kaufe ein du kaufst ein er/sie/es kauft ein wir kaufen ein ihr kauft ein Sie kaufen ein sie kaufen ein	ich beschreibe du beschreibst er/sie/es beschreibt wir beschreiben ihr beschreibt Sie beschreiben sie beschreiben
Imperfect tense	ich kaufte ein du kauftest ein er/sie/es kaufte ein wir kauften ein ihr kauftet ein Sie kauften ein sie kauften ein	ich beschrieb du beschriebst er/sie/es beschrieb wir beschrieben ihr beschriebt Sie beschrieben sie beschrieben
Perfect tense	ich habe eingekauft du hast eingekauft er/sie/es hat eingekauft wir haben eingekauft ihr habt eingekauft Sie haben eingekauft sie haben eingekauft	ich habe beschrieben du hast beschrieben er/sie/es hat beschrieben wir haben beschrieben ihr habt beschrieben Sie haben beschrieben sie haben beschrieben
Pluperfect tense	ich hatte eingekauft du hattest eingekauft er/sie/es hatte eingekauft wir hatten eingekauft ihr hattet eingekauft Sie hatten eingekauft sie hatten eingekauft	ich hatte beschrieben du hattest beschrieben er/sie/es hatte beschrieben wir hatten beschrieben ihr hattet beschrieben Sie hatten beschrieben sie hatten beschrieben
Future tense	ich werde einkaufen du wirst einkaufen er/sie/es wird einkaufen wir werden einkaufen ihr werdet einkaufen Sie werden einkaufen sie werden einkaufen	ich werde beschreiben du wirst beschreiben er/sie/es wird beschreiben wir werden beschreiben ihr werdet beschreiben Sie werden beschreiben sie werden beschreiben
Conditional	ich würde einkaufen du würdest einkaufen er/sie/es würde einkaufen wir würden einkaufen ihr würdet einkaufen Sie würden einkaufen sie würden einkaufen	ich würde beschreiben du würdest beschreiben er/sie/es würde beschreiben wir würden beschreiben ihr würdet beschreiben Sie würden beschreiben sie würden beschreiben
Imperative	kauf ein! kauft ein! kaufen Sie ein!	beschreib! beschreibt! beschreiben Sie!

Reflexive verbs (this one is strong, but many are weak)

Infinitive	sich waschen	to get washed
Present tense	ich wasche mich	I get washed
	du wäschst dich	you (familiar) get washed
	er/sie/es wäscht sich	he/she/it gets washed
	wir waschen uns	we get washed
	ihr wascht euch	you (familiar pl.) get washed
	Sie waschen sich	you (polite) get washed
	sie waschen sich	they get washed
Imperfect tense	ich wusch mich	I got washed
	du wuschst dich	you (familiar) got washed
	er/sie/es wusch sich	he/she/it got washed
	wir wuschen uns	we got washed
	ihr wuscht euch	you (familiar pl.) got washed
	Sie wuschen sich	you (polite) got washed
	sie wuschen sich	they got washed
Perfect tense	ich habe mich gewaschen	I (have) got washed
	du hast dich gewaschen	you (familiar) (have) got washed
	er/sie/es hat sich gewaschen	he/she/it (has) got washed
	wir haben uns gewaschen	we (have) got washed
	ihr habt euch gewaschen	you (familiar pl.) (have) got washed
	Sie haben sich gewaschen	you (polite) (have) got washed
	sie haben sich gewaschen	they (have) got washed
Pluperfect tense	ich hatte mich gewaschen	I had got washed
	du hattest dich gewaschen	you (familiar) had got washed
	er/sie/es hatte sich gewaschen	he/she/it had got washed
	wir hatten uns gewaschen	we had got washed
	ihr hattet euch gewaschen	you (familiar pl.) had got washed
	Sie hatten sich gewaschen	you (polite) had got washed
	sie hatten sich gewaschen	they had got washed
Future tense	ich werde mich waschen	I will get washed
	du wirst dich waschen	you (familiar) will get washed
	er/sie/es wird sich waschen	he/she/it will get washed
	wir werden uns waschen	we will get washed
	ihr werdet euch waschen	you (familiar pl.) will get washed
	Sie werden sich waschen	you (polite) will get washed
	sie werden sich waschen	they will get washed
Conditional	ich würde mich waschen	I would get washed
	du würdest dich waschen	you (familiar) would get washed
	er/sie/es würde sich waschen	he/she/it would get washed
	wir würden uns waschen	we would get washed
	ihr würdet euch waschen	you (familiar pl.) would get washed
	Sie würden sich waschen	you (polite) would get washed
	sie würden sich waschen	they would get washed
Imperative	wasch dich!	get washed!
	wascht euch!	
	waschen Sie sich!	

Modal verbs

Infinitive		dürfen	können	mögen	müssen	sollen	wollen
Meaning		to be allowed to	to be able to	to like to	to have to	to be supposed to	to want to
Present tense	ich	darf	kann	mag	muss	soll	will
	du	darfst	kannst	magst	musst	sollst	willst
	er/sie/es	darf	kann	mag	muss	soll	will
	wir	dürfen	können	mögen	müssen	sollen	wollen
	ihr	dürft	könnt	mögt	müsst	sollt	wollt
	Sie/sie	dürfen	können	mögen	müssen	sollen	wollen
Imperfect tense	ich	durfte	konnte	mochte	musste	sollte	wollte
	du	durftest	konntest	mochtest	musstest	solltest	wolltest
	er/sie/es	durfte	konnte	mochte	musste	sollte	wollte
	wir	durften	konnten	mochten	mussten	sollten	wollten
	ihr	durftet	konntet	mochtet	musstet	solltet	wolltet
	Sie/sie	durften	konnten	mochten	mussten	sollten	wollten
Perfect tense	ich	habe gedurft	habe gekonnt	habe gemocht	habe gemusst	habe gesollt	habe gewollt
	du	hast gedurft	hast gekonnt	hast gemocht	hast gemusst	hast gesollt	hast gewollt
	er/sie/es	hat gedurft	hat gekonnt	hat gemocht	hat gemusst	hat gesollt	hat gewollt
	wir	haben gedurft	haben gekonnt	haben gemocht	haben gemusst	haben gesollt	haben gewollt
	ihr	habt gedurft	habt gekonnt	habt gemocht	habt gemusst	habt gesollt	habt gewollt
	Sie/sie	haben gedurft	haben gekonnt	haben gemocht	haben gemusst	haben gesollt	haben gewollt
Pluperfect tense	ich	hatte gedurft	hatte gekonnt	hatte gemocht	hatte gemusst	hatte gesollt	hatte gewollt
	du	hattest gedurft	hattest gekonnt	hattest gemocht	hattest gemusst	hattest gesollt	hattest gewollt
	er/sie/es	hatte gedurft	hatte gekonnt	hatte gemocht	hatte gemusst	hatte gesollt	hatte gewollt
	wir	hatten gedurft	hatten gekonnt	hatten gemocht	hatten gemusst	hatten gesollt	hatten gewollt
	ihr	hattet gedurft	hattet gekonnt	hattet gemocht	hattet gemusst	hattet gesollt	hattet gewollt
	Sie/sie	hatten gedurft	hatten gekonnt	hatten gemocht	hatten gemusst	hatten gesollt	hatten gewollt
Future tense	ich	werde dürfen	werde können	werde mögen	werde müssen	werde sollen	werde wollen
	du	wirst dürfen	wirst können	wirst mögen	wirst müssen	wirst sollen	wirst wollen
	er/sie/es	wird dürfen	wird können	wird mögen	wird müssen	wird sollen	wird wollen
	wir	werden dürfen	werden können	werden mögen	werden müssen	werden sollen	werden wollen
	ihr	werdet dürfen	werdet können	werdet mögen	werdet müssen	werdet sollen	werdet wollen
	Sie/sie	werden dürfen	werden können	werden mögen	werden müssen	werden sollen	werden wollen
Conditional	ich	würde dürfen	würde können	würde mögen	würde müssen	würde sollen	würde wollen
	du	würdest dürfen	würdest können	würdest mögen	würdest müssen	würdest sollen	würdest wollen
	er/sie/es	würde dürfen	würde können	würde mögen	würde müssen	würde sollen	würde wollen
	wir	würden dürfen	würden können	würden mögen	würden müssen	würden sollen	würden wollen
	ihr	würdet dürfen	würdet können	würdet mögen	würdet müssen	würdet sollen	würdet wollen
	Sie/sie	würden dürfen	würden können	würden mögen	würden müssen	würden sollen	würden wollen

Auxiliary verbs: *haben, sein, werden*

Infinitive	haben	sein	werden
Meaning	*to have*	*to be*	*to become*
Present tense	ich habe du hast er/sie/es hat	ich bin du bist er/sie/es ist	ich werde du wirst er/sie/es wird
	wir haben ihr habt Sie haben sie haben	wir sind ihr seid Sie sind sie sind	wir werden ihr werdet Sie werden sie werden
Imperfect tense	ich hatte du hattest er/sie/es hatte	ich war du warst er/sie/es war	ich wurde du wurdest er/sie/es wurde
	wir hatten ihr hattet Sie hatten sie hatten	wir waren ihr wart Sie waren sie waren	wir wurden ihr wurdet Sie wurden sie wurden
Perfect tense	ich habe gehabt du hast gehabt er/sie/es hat gehabt	ich bin gewesen du bist gewesen er/sie/es ist gewesen	ich bin geworden du bist geworden er/sie/es ist geworden
	wir haben gehabt ihr habt gehabt Sie haben gehabt sie haben gehabt	wir sind gewesen ihr seid gewesen Sie sind gewesen sie sind gewesen	wir sind geworden ihr seid geworden Sie sind geworden sie sind geworden
Pluperfect tense	ich hatte gehabt du hattest gehabt er/sie/es hatte gehabt	ich war gewesen du warst gewesen er/sie/es war gewesen	ich war geworden du warst geworden er/sie/es war geworden
	wir hatten gehabt ihr hattet gehabt Sie hatten gehabt sie hatten gehabt	wir waren gewesen ihr wart gewesen Sie waren gewesen sie waren gewesen	wir waren geworden ihr wart geworden Sie waren geworden sie waren geworden
Future tense	ich werde haben du wirst haben er/sie/es wird haben	ich werde sein du wirst sein er/sie/es wird sein	ich werde werden du wirst werden er/sie/es wird werden
	wir werden haben ihr werdet haben Sie werden haben sie werden haben	wir werden sein ihr werdet sein Sie werden sein sie werden sein	wir werden werden ihr werdet werden Sie werden werden sie werden werden
Conditional	ich würde haben du würdest haben er/sie/es würde haben	ich würde sein du würdest sein er/sie/es würde sein	ich würde werden du würdest werden er/sie/es würde werden
	wir würden haben ihr würdet haben Sie würden haben sie würden haben	wir würden sein ihr würdet sein Sie würden sein sie würden sein	wir würden werden ihr würdet werden Sie würden werden sie würden werden
Imperative	hab! habt! haben Sie!	sei! seid! seien Sie!	werde! werdet! werden Sie!

AQA GCSE GERMAN

Grammar Workbook Answers

(page 4)

1 (pronouns underlined, **nouns bold**)
   a Ich habe ein tolles **Zimmer**, wo ich meine **Hausaufgaben** mache.
   b Mein **Bruder** hat ein ziemlich kleines **Zimmer** mit einem **Einbauschrank**.
   c Er hört dort **Musik** und ich spiele mit ihm am **Computer**.
   d Wir haben eine große **Küche**, wo ich immer frühstücke.
   e Wir haben auch einen schönen **Garten** mit vielen **Blumen**.
   f Wir haben zwei **Hunde**. Jeden **Tag** gehe ich mit ihnen spazieren.
   g Nach dem **Abendessen** sehe ich meistens ein bisschen fern.

2 a Mein Bruder hat viele Filme.
   b Ich sehe deine Schwester im Park.
   c Machst du deine Hausaufgaben?
   d Unsere Großeltern haben ein schönes Haus.
   e Thomas hat sein neues Buch schon gelesen.
   f Wo ist dein Zimmer?
   g Normalerweise kommen Mutti und Vati um 18 Uhr nach Hause.
   h Nach der Schule sehen mein Bruder und ich fern.

3 a mein, b berühmter, c unsere, d mein, e keine, f eine

4 open-ended

(page 5)

1 a Meine Schwestern haben viele Computerspiele.
   b Ich sehe deinen Bruder in der Sporthalle.
   c Warum macht ihr eure Hausaufgaben nicht?
   d Unsere Freunde werden ein schönes Haus kaufen.
   e Ich habe das große Buch schon gelesen.
   f Hat Max diese CD schon gehört?
   g Im Sommer spiele ich sehr gern Tennis.
   h Zum Geburtstag hat mir meine Tante eine Jacke gegeben.
   i Heike fährt in die Stadt und kauft sich einen Pullover.
   j Sie ist ins Kaufhaus gegangen, hat aber nichts Passendes gefunden.

2 a letzte Woche, b nächsten Dienstag, c nächsten Monat, d letzten Freitag, e letztes Jahr

3 a for my father, b through the town, c without his bike, d along the main road, e against the wall, f round the car park

4 a Bitte, stell die Bücher auf den Tisch!
   b Das Schwimmbad ist neben dem Stadion am Stadtrand.
   c Wir gehen gleich in die Sporthalle.
   d Es ist schwierig, wenn man immer im Restaurant essen muss.
   e Welche Sportart möchtest du ausprobieren?
   f Die meisten Menschen werden beim Himalaya an die hohen Berge denken.

(page 6)

1 a the title of the book, b the teacher's voice, c my mother's car, d the tennis player of the year, e the beginning of the exams

2 Masculine and neuter nouns which have one syllable add -es in the genitive singular. Add just -s in the genitive singular for masculine and neuter nouns with two or more syllables. Feminine and plural nouns do not change in the genitive case.

3 a the bike of my sister = das Rad meiner Schwester
   b the house of his grandparents = das Haus seiner Großeltern
   c the motto of this school = das Motto dieser Schule
   d he has the computer of his brother = er hat den Computer seines Bruders
   e in the car of my friend = mit dem Wagen meines Freundes/meiner Freundin

4 a außerhalb, b wegen, c während, d Trotz, e statt

(page 7)

1 1 d – Der Koch gab der Katze einen Fisch. 2 f – Frau Fischer kauft mir eine Katze. 3 a – Ich erzähle den Kindern eine Geschichte. 4 c – Er schrieb dem Direktor einen Brief. 5 b – Schickst du deinem Freund eine E-Mail? 6 e – Gib der Dame deine E-Mail-Adresse!

2 a with my friends, b opposite the bank, c after an hour, d out of the garden, e at our grandma's house, f my (girl)friend's mother

3 a Das Restaurant war hinter dem Rathaus.
   b Als Skilehrer bin ich stundenlang auf den Pisten.
   c Lies diese Broschüre über gesundes Essen!
   d Wir stehen vor dem Kino und warten.
   e Ich freue mich auf die Sommerferien.

 f Sein Foto hängt an <u>der</u> Wand.

4 a Der blaue Rock passt <u>meiner Schwester</u> nicht. – The blue skirt doesn't suit/fit my sister.

 b Ich glaube <u>dir</u> nicht! – I don't believe you.

 c Wir dankten <u>dem Gruppenleiter</u>. – We thanked the group leader.

 d Kannst du <u>mir</u> bitte helfen? – Can you please help me?

 e Er folgte <u>den Spielern</u> ins Stadion. – He followed the players into the stadium.

 f Diese Geschichte gefällt <u>mir</u> nicht. – I don't like this story.

(page 8)

1 (nouns) **a** profession, **d** receptionist, **f** size, **g** main road, **h** ICT, **j** sleeping bag, **l** onion

2 a die Fabrik, **b** das Gemüse, **c** die Prüfung, **d** das Mädchen, **e** die Schule, **f** der Bäcker, **g** die Seekrankheit, **h** die Nation, **i** das Zentrum, **j** die Verkäuferin, **k** die Einladung, **l** die Freundschaft

3 (underlined words) **a** Vater, **b** Geburtstag, **c** Krankenhaus, **d** Ingenieurin, **e** Hase, **f** Restaurant, **g** Geige, **h** Skigebiet

(page 9)

1 open-ended

2 a die Meerschweinchen, **b** die Karten, **c** die Fächer, **d** die Schläger, **e** die Babys, **f** die Geburtstage, **g** die Hügel, **h** die Köchinnen, **i** die Gasthäuser, **j** die Füße, **k** die Zeitungen

3 a der Bahnhof, **b** die Digitalkamera, **c** der Stiefel, **d** die Übernachtung, **e** der Turnschuh, **f** die Verkäuferin, **g** das Würstchen, **h** die Katze, **i** das Datum, **j** der Autofahrer, **k** das Jugendzentrum

4 a mit den Hunden, **b** aus den Häusern, **c** in den Schulen, **d** von diesen Mädchen, **e** hinter den Hotels

(page 10)

1 a Hast du den <u>Alten</u> gesehen? (A)

 b Die <u>Armen</u> haben heute eine Prüfung. (N)

 c Wir fahren mit <u>Verwandten</u> nach Berlin. (D)

 d Er möchte eine <u>Reiche</u> kennenlernen. (A)

 e Ich kenne viele <u>Deutsche</u>. (A)

 f Er hat dem <u>Beamten</u> seinen Pass gezeigt. (D)

2 a wichtig – important, **b** interessant – interesting, **c** groß – big/tall, **d** klein – small, **e** tot – dead

3 a ein Bekannter, **b** die Deutschen, **c** ein Kranker, **d** das Weiße, **e** eine Fremde, **f** die Kluge

4 a Der Student(–) hat seinem Kamera<u>den</u> eine Postkarte geschickt.

 b Er gibt Herr<u>n</u> Büddig sein Heft.

 c Sein Neffe(–) ist der Sohn eines Kolleg<u>en</u>.

 d Unter den Touris<u>ten</u> haben wir einen berühmten Mensch<u>en</u> gesehen.

 e Im Zoo haben wir einen Bä<u>ren</u>, viele Affe<u>n</u> und einen Löw<u>en</u> gefüttert.

 f Der Junge(–) hat den Name<u>n</u> eines anderen Studen<u>ten</u> geschrieben.

(page 11)

1

der	die	das	die
<u>den</u>	die	<u>das</u>	die
des	<u>der</u>	des	<u>der</u>
<u>dem</u>	<u>der</u>	dem	<u>den</u>

2 a ein, eines, **b** Eine, **c** einer, einem, **d** kein, **e** keinen, keine

3 a Sie ist Deutsche. **b** Herr Schmidt ist Bäcker. **c** Ich spiele Klarinette. **d** Hast du/Haben Sie Fieber? **e** Sie hat Kopfschmerzen.

(page 12)

1

mein	meine	mein	meine
<u>meinen</u>	meine	mein	meine
meines	<u>meiner</u>	meines	<u>meiner</u>
<u>meinem</u>	meiner	meinem	<u>meinen</u>

ihr	ihre	ihr	ihre
<u>ihren</u>	ihre	ihr	ihre
ihres	<u>ihrer</u>	ihres	<u>ihrer</u>
<u>ihrem</u>	ihrer	ihrem	<u>ihren</u>

unser	<u>unsere</u>	unser	unsere
<u>unseren</u>	unsere	unser	<u>unsere</u>
unseres	unserer	unseres	unserer
<u>unserem</u>	unserer	unserem	<u>unseren</u>

euer	eure	euer	eure
<u>euren</u>	eure	euer	eure
eures	<u>eurer</u>	eures	<u>eurer</u>
<u>eurem</u>	eurer	eurem	<u>euren</u>

2 a mein Haus, **b** seine Mutter, **c** deine Freunde, **d** ihre Eltern, **e** unsere Schule, **f** ihr Geld, **g** Ihr Job/Beruf, **h** ihr Spielzeug, **i** sein Teppich, **j** eure Bücher

3 open-ended

(page 13)

1

dieser	diese	dieses	diese
diesen	diese	dieses	diese
dieses	dieser	dieses	dieser
diesem	dieser	diesem	diesen

jener	jene	jenes	jene
jenen	jene	jenes	jene
jenes	jener	jenes	jener
jenem	jener	jenem	jenen

jeder	jede	jedes
jeden	jede	jedes
jedes	jeder	jedes
jedem	jeder	jedem

2 a Welche Produkte sind billig?
b Welche Sportart ziehst du vor?
c Welchen Film habt ihr gestern gesehen?
d Mit welchem Bus fahren wir in die Stadt?
e In welchen Geschäften kaufst du am liebsten ein?
f Welches Kind hat die beste Stimme?
g Aus welchem Grund sagst du das?
h Durch welchen Eingang sind Sie gekommen?

(page 14)

1 1 through, **i** durch, A
2 on, **f** auf, D
3 because of, **b** wegen, G
4 without, **j** ohne, A
5 between, **h** zwischen, D
6 instead of, **a** statt, G
7 by, **l** von, D
8 before, **k** vor, D
9 after, **e** nach, D
10 into, **g** in, A
11 in, **d** nach, D

2 a für seine Schwester, **b** gegen einen Baum, **c** die Autobahn entlang, **d** um die Stadt, **e** durch die Tür, **f** ohne ihre Freunde/Freundinnen, **g** gegen die Jungen, **h** um den Tisch

3 open-ended

(page 15)

1 a bei, **b** aus, **c** Seit, **d** vor/nach, **e** zu, **f** neben/hinter/über/unter/vor, **g** mit, **h** nach, **i** Außer, **j** von

2 a beim, **b** zum, **c** zur, **d** vom, (bis) zum, **e** vom, **f** Beim

3 a There you are at last! I've been waiting here in the cold for 10 minutes.
b I'd been waiting for an hour in the cold and my sister still hadn't arrived.
c We've been learning German for three years.
d We'd been learning German for three years and could understand quite a lot.
e She's been a singer in a band for four years.
f She'd been a singer for four years, but had never sung in a band.

(page 16)

1 a A, D, **b** D, A, **c** D, A, **d** A, D, **e** A, D, **f** D, A, **g** A, D, **h** A, D, **i** D, A

2 a am, **b** ins, **c** ans, **d** ins, **e** im, **f** Am

(page 17)

3 a im, **b** die, **c** im, der, **d** die, im, **e** das, **f** seinem, **g** die, **h** im, ins

4 a We went into the town centre. We drove around in the town centre.
b He sat down by the window. He is sitting by the window.
c A plane flies over school every 10 minutes. The planes are so loud when they are directly above the school.
d Our cat sleeps under my bed. Every night at 10 o'clock the cat creeps under my bed.

5 a den, **b** dem, im, **c** meinem, **d** das, die, **e** der, einem, **f** die, den

6 1 prepositions, **2** movement, **3** accusative, **4** *den*, **5** into, **6** position, **7** place, **8** dative, **9** *dem*, **10** another, **11** choice, **12** always

(page 18)

1

außerhalb	outside
statt	instead of
trotz	despite/in spite of
während	during
wegen	because of

2 a Because of the rain we can't do any sport.
b Instead of our teacher, the headmaster taught us German.
c During the party my parents were at neighbours'.
d We live about five kilometres outside the town.
e During the hike it started to snow..
f Despite her cold she went swimming.

3 **Accusative only:** durch, entlang, für, gegen, ohne, um, wider

Dative only: aus, außer, bei, gegenüber, mit, nach, seit, von, zu

Accusative or dative: an, auf, hinter, in, neben, über, unter, vor, zwischen

Genitive: außerhalb, statt, trotz, während, wegen

(page 19)

1 **1** c, **2** e, **3** f, **4** a, **5** h, **6** g, **7** b, **8** d

2 **a** Sie kommt gut <u>mit ihren</u> Eltern aus.
  b Mein Bruder spart <u>auf ein</u> neues Rad.
  c Ich warte schon seit 30 Minuten <u>auf den</u> Bus!
  d Interessierst du dich <u>für klassische</u> Musik?
  e Was hältst du <u>von unserem</u> neuen Direktor?
  f Igitt! Diese Bonbons schmecken <u>nach</u> Fisch!
  g Wir freuen uns <u>auf die</u> Sommerferien.
  h Ich muss zehn Minuten lang <u>über meine</u> Hobbys sprechen.
  i–l open-ended

3 **a** während der Mittagspause, **b** aus dem Haus, **c** unter den Stuhl, **d** bei den Schmidts, **e** von meinem Onkel, **f** die Straße entlang, **g** durch den Park, **h** nach einer Woche, **i** für seine Tante, **j** in die Bäckerei, **k** um die Ecke, **l** für einen Monat, **m** an die Wand, **n** vor das Haus, **o** wegen seines Lehrers/seiner Lehrerin, **p** auf dem Schrank, **q** ohne ihr Geld, **r** hinter die Tür, **s** trotz des Preises, **t** statt eines Geschenks, **u** gegenüber dem Hotel/dem Hotel gegenüber, **v** neben der Kirche, **w** außer den Kindern, **x** außerhalb des Sportzentrums, **y** zwischen die Tische, **z** über das Haus, **aa** mit meinen Großeltern, **ab** zum Supermarkt, **ac** in das/ins Theater, **ad** gegen einen Baum

(page 20)

1 Das <u>südwestafrikanische</u> Namibia ist ein <u>schönes</u> Land, aber es gibt dort <u>große</u> Kontraste. Windhoek, die ziemlich <u>moderne</u> Hauptstadt, hat <u>riesige</u> Wohnblocks, <u>tolle</u> Einkaufszentren, <u>breite</u> Straßen mit <u>lauten</u> Autos. Auf dem Land aber sind viele Menschen sehr <u>arm</u>. Sie wohnen in <u>primitiven</u> Hütten ohne <u>moderne</u> Annehmlichkeiten wie Elektrizität und Wasser. Es gibt viel Wüste, wo das Leben sehr <u>hart</u> ist. Es gibt aber auch eine <u>lange</u> Küste am Atlantik. Dort kann man <u>verschiedene</u> Wassersportarten betreiben. <u>Ausländische</u> Touristen besuchen Namibia, um die <u>imposante</u> Landschaft zu sehen und die <u>schönen</u> <u>afrikanischen</u> Tiere zu fotografieren.

2 open-ended

3 Suggested answer (others are possible): **a** süß, **b** intelligent, **c** müde, **d** alt, **e** bequem, **f** wunderbar

(page 21)

1 **a** feminine/nominative, **b** masculine/nominative, **c** plural/accusative, **d** neuter/genitive, **e** masculine/dative, **f** feminine/accusative

2 **a** masculine/accusative, **b** feminine/dative, **c** neuter/genitive, **d** feminine/nominative, **e** neuter/accusative, **f** neuter/dative

3 **a** deutsche, **b** neunten, **c** interessanten, **d** anderen, **e** neuen, **f** deutsche

4 **a** Die junge Frau Krohn hat schon vier Kinder.
  b Markus ist der einzige Sohn.
  c Die anderen Kinder sind alle Mädchen.
  d Die Kinder spielen oft mit den stolzen Großeltern.
  e Es ist manchmal schwierig in diesem kleinen Haus.
  f Für den jungen Vater ist es auch nicht leicht.

(page 22)

1 **a** guter, **b** großes, **c** neuen, **d** normale, **e** jüngeren, **f** anderen, **g** elegante, **h** brauner

2 **a** Meine Familie hat einen neu<u>en</u> Hund.
  b Unsere schön<u>en</u> Katzen sind nicht froh darüber!
  c Früher hatten wir kein groß<u>es</u> Haus und keine Haustiere.
  d Jetzt aber wohnen wir auf einem alt<u>en</u> Bauernhof mit einem groß<u>en</u> Garten.
  e Das Haus ist am Rande eines hübsch<u>en</u> Dorfs.
  f Es gibt einen klein<u>en</u> Supermarkt und eine langweilige Kneipe.
  g Wir haben keine interessant<u>en</u> Vereine.
  h Manchmal fahre ich mit einer freundlich<u>en</u> Nachbarin in die Stadt.

3 **A:** Katrin gibt eine <u>große</u> Party und ich brauche einen <u>neuen</u> Rock.
  L: Ja, sie lädt die <u>ganze</u> Klasse ein und ich gehe auch mit meinem <u>neuen</u> Freund hin.
  A: Der ist so <u>süß</u>. Was trägst du zu dieser <u>tollen</u> Party?
  L: Ich trage meine <u>neue</u> Jeans, aber ich möchte ein <u>neues</u> T-Shirt.
  A: Siehst du das <u>grüne</u> T-Shirt dort drüben?
  L: Schick – ich habe kein <u>gutes</u> T-Shirt. Und du, siehst du diesen <u>blauen</u> Rock?
  A: Der Rock ist <u>schön</u>, aber die <u>hässliche</u> Farbe gefällt mir nicht. Und der Preis dieses <u>schwarzen</u> Rockes ist viel zu <u>hoch</u>.

L: Gehen wir in ein <u>anderes</u> Geschäft. Welche <u>modernen</u> Modegeschäfte gibt es hier?

A: Es gibt die <u>großen</u> Kaufhäuser. Sie haben bestimmt einen <u>billigen</u> Rock für mich.

L: Also, wir gehen in einen <u>billigen</u> Laden und kaufen uns die <u>perfekte</u> Kleidung für eine <u>wichtige</u> Party!

(page 23)

1
- **a** Ich höre sehr gern <u>kreative Musik</u>. – f, sing., A
- **b** <u>Laute Musik</u> kann gefährlich sein. – f, sing., N
- **c** <u>Mit guten Noten</u> hat man kaum <u>große Probleme</u>. – f, pl., D, / n, pl., A
- **d** Es soll gesund sein, <u>in kaltem Wasser</u> zu baden. – n, sing., D
- **e** Ich habe <u>zwei süße Katzen</u>. – f, pl., A
- **f** Das Mittelmeer hat <u>viele goldene Strände</u>. – m, pl., A
- **g** Die Farbe <u>einiger neuer Autos</u> finde ich furchtbar. – n, pl., G
- **h** Meine Schwester bekommt <u>tolle Geschenke</u>. – n, pl., A

2 **a** deutsche, **b** englische, **c** *Gute, schlechte*, **d** schwarz<u>en</u>, grün<u>en</u>, **e** Frisch<u>es</u>, warm<u>es</u>, **f** gut<u>en</u>, schöne, **g** interessant<u>en</u>, **h** heiß<u>es</u>, teu<u>re</u>

3

der/dieser/jener/jeder/welcher			
-e	-e	-e	-en
-en	-e	-e	-en
-en	-en	-en	-en
-en	-en	-en	-en

ein/kein/mein/dein/sein/ihr/unser/euer			
-er	-e	-es	-en
-en	-e	-es	-en
-en	-en	-en	-en
-en	-en	-en	-en

No determiner			
-er	-e	-es	-e
-en	-e	-es	-e
-en	-er	-en	-er
-em	-er	-em	-en

(page 24)

1 1 e, 2 i, 3 b, 4 k, 5 g, 6 j, 7 a, 8 l, 9 h, 10 c, 11 f, 12 d

2 **a** etwas Blaues, **b** mit viel Gutem, **c** nichts Wichtiges, **d** wenig Besonderes/Spezielles, **e** auf etwas Kaltem, **f** nichts Heißes

3 open-ended

4
- **a** Er wünschte mir alles <u>Gute</u>.
- **b** Sie haben uns alles <u>Mögliche</u> angeboten.
- **c** Sie hat alles <u>Schmutzige</u> in die Waschmaschine gesteckt.
- **d** Wir haben alles <u>Gesunde</u> gegessen.

(page 25)

1

Adjective	Meaning	Comparative	Meaning
schön	*beautiful*	schöner	*more beautiful*
alt	*old*	älter	*older*
jung	*young*	jünger	*younger*
kalt	*cold*	kälter	*colder*
arm	*poor*	ärmer	*poorer*
warm	*warm*	wärmer	*warmer*
lang	*long*	länger	*longer*
intelligent	*intelligent*	intelligenter	*more intelligent*
wichtig	*important*	wichtiger	*more important*
faul	*lazy*	fauler	*lazier*
aktiv	*active*	aktiver	*more active*
durstig	*thirsty*	durstiger	*thirstier*
hungrig	*hungry*	hungriger	*hungrier*
billig	*cheap*	billiger	*cheaper*
teuer	*dear/expensive*	teurer	*dearer/more expensive*
gesund	*healthy*	gesünder	*healthier*
gefährlich	*dangerous*	gefährlicher	*more dangerous*
hoch	*high*	höher	*higher*
gut	*good*	besser	*better*
+ 4 more adjectives of own choice			

2
- **a** Diese Straße ist <u>länger</u>.
- **b** In den Geschäften hat man eine <u>bessere</u> Auswahl.
- **c** Dieser Wohnblock ist <u>höher</u>.
- **d** Ein <u>älterer</u> Mann wohnt im zehnten Stock.
- **e** Das Geschenk ist für ein <u>freundlicheres</u> Mädchen.
- **f** Frau Bolle will mit <u>jüngeren</u> Leuten arbeiten.

3
- **a** Viele Leute treiben Sport, um <u>fitter</u> zu werden.
- **b** Sport spielt heute eine <u>wichtigere</u> Rolle im Leben vieler Deutschen als vor 20 Jahren.
- **c** Es gibt auch <u>interessantere</u> Sportarten als früher.
- **d** In einer <u>größeren</u> Sporthalle sieht man viele Sportarten auf einmal.
- **e** Weniger Deutsche als Engländer spielen Golf, vielleicht weil es in Deutschland <u>teurer</u> ist.

(page 26)

4
  a Schokolade ist nicht so gesund wie Obst.
  b Markus ist genauso schlank wie Andreas.
  c Anja ist fauler als Eva.
  d Ich bin jünger als mein Bruder.
  e Meine Mutter ist nicht so alt wie mein Vater.
  f Bücher sind besser als Filme.
  g Das T-Shirt ist genauso teuer wie das Hemd.
  h Der Frühling ist nicht so kalt wie der Winter
  i Süßigkeiten sind schlechter als Hamburger.

1
  a our best teacher
  b the cheapest shop
  c the most beautiful colours
  d in the most interesting film
  e for his eldest/oldest child

2 a teuerste, b fleißigsten, c schlechteste, d ärmsten, e beste

3
  a die ärmsten Leute/Menschen
  b im (in dem) längsten Film
  c nach der schlimmsten/schlechtesten Prüfung
  d die nächste Stadt
  e Peter ist mein ältester Cousin.

(page 27)

1
  a Monika lernt für die Prüfungen, aber sie macht regelmäßig Pausen. (regularly)
  b Sie lernt besser, wenn sie Musik hört. (better)
  c Ihre Brüder essen immer gesund. (always, healthily)
  d Abends kann ich mich nicht so gut konzentrieren. (in the evening(s), not so well)
  e Auf der Autobahn fährt man oft zu schnell. (on the motorway, often, too fast)
  f Ich will nicht arbeiten – ich möchte in Ruhe lesen. (quietly/in peace)
  g Ich werde mich warm anziehen, weil es kalt ist. (warm(ly)
  h Wir warten nervös auf den Direktor. (nervously)

2 The ending –ly in English is often used for adverbs.

3
  a Waschmittel A wäscht alles sauber, B wäscht alles sauberer, aber C wäscht alles am saubersten. – Washing powder A washes everything clean(ly), B washes everything cleaner / more cleanly, but C washes (the) cleanest / most cleanly.
  b Mein Vater fährt vorsichtig, aber meine Mutter fährt vorsichtiger und meine Oma fährt am vorsichtigsten. – My father drives carefully, but my mother drives more carefully and my grandmother drives (the) most carefully (of all).
  c Ich schwimme viel, ich jogge mehr und am meisten fahre ich Rad. – I swim a lot, I jog more and most of all I cycle.
  d Bananen schmecken gut, Orangen schmecken besser, aber Äpfel schmecken am besten. – Bananas taste good, oranges taste better, but apples taste best (of all).
  e (open-ended)

4 a am lautesten, b am pünktlichsten, c am höchsten, d am längsten

(page 28)

1 **Food: 1** *Schokolade* / chocolate, **2** *Kekse* / biscuits, **3** *Obst* / fruit
  Sport: 1 *Schwimmen* / swimming, **2** *Leichtathletik* / athletics, **3** *Tennis* / playing tennis
  Other activities: 1 *Fernsehen* / watching TV, **2** *Lesen* / reading, **3** *Geige* / playing the violin

2
  a Ich esse gern Brot.
  b Er spielt lieber Fußball.
  c Am liebsten hört sie Musik.
  d Wir lernen gern Deutsch.
  e Sie sehen nicht gern fern.
  f Trinkst du/Trinken Sie lieber Tee oder Kaffee?

3 **1** b, **2** e, **3** a, **4** f, **5** c, **6** d

(page 29)

1
wann	when
wie	how
wo	where
warum	why
wie viel(e)...	how much (how many) ...
was	what
wer (wen, wem)	who (whom)
was für...	what sort of ...

2 a wann, b was, c was für, d wie viel, e wo, f warum

3 (suggested questions; others are possible)
  a Wann fährst du (fahren Sie) nach Hause?
  b Warum liest du (lesen Sie) dieses Buch?
  c Wie viele Briefmarken hast du (haben Sie)?
  d Was macht (spielt) Thomas?
  e Wo spielt er Fußball?
  f Wie fährst/kommst du/fahren Sie zur Schule?

4 Open-ended.

(page 30)
1 (Time)

manchmal	sometimes
immer	always
oft	often
nie	never
ab und zu	now and again
dann und wann	now and then
so bald wie möglich	as soon as possible
nächste Woche	next week
nächstes Wochenende	next weekend
nächsten Montag	next Monday
letztes Jahr	last year
letzte Woche	last week
letzten Dienstag	last Tuesday
nach der Schule	after school
vor dem Frühstück	before breakfast
vor drei Jahren	three years ago
vor zwei Monaten	two months ago
jeden Tag	every day
sonntags	every Sunday, on Sundays
um 8 Uhr	at 8 o'clock
im Sommer	in the summer

(Manner)

mit dem Bus	by bus
mit Freunden	with friends
mit meiner Familie	with my family

(Place)

hier	here
dort	there
in der Stadt	in town
in die Stadt	into town
nach Berlin	to Berlin
zum Supermarkt	to the supermarket

2
a letztes Wochenende
b montags/jeden Montag
c vor einem Monat
d nächstes Jahr
e nach Freiburg
f mit einem Freund/mit einer Freundin

3
a Ich fahre morgen mit der Klasse nach München.
b Man kann sonntags mit dem Hund am Fluss spazieren gehen.
c Viele junge Deutsche verbringen ein Jahr als Au-Pair in England.

(page 31)
1

ein bisschen	a bit
ein wenig	a little
einfach	simply
ganz	quite, completely
gar nicht	not at all
kaum	hardly
sehr	very
so	so
total	totally
überhaupt nicht	not at all
viel (+ comparative)	much more ...
ziemlich	quite/pretty/rather, fairly
zu	too

2 open-ended

3 **1** verb, **2** one, **3** phrase, **4** adjective, **5** endings, **6** superlative, **7** question, **8** time, **9** emphasis

4 open-ended

(page 32)
1
a *mich* – accusative, with preposition *für*
b *Wir* – nominative, subject of the verb (can)
   sie – accusative, direct object of the verb (do)
c *ich* – nominative, subject of the verbs (love, spend)
   ihr – dative, with preposition *bei*
d *ihr* – nominative, subject of the verb (want)
   Er – nominative, subject of the verb (is)
e *Sie* – nominative, subject of the verb (are going)
   mir – dative, with preposition *mit*
f *Sie* – nominative, subject of the verb (have set off)
   mich – accusative, with preposition *ohne*

2
a Kannst du mich hören?
b Ich kann dich nicht sehen.
c Gib mir deine Hand.
d Soll ich dir die Butter reichen?
e Was möchtest du als Nachtisch?

3
a Laura und Leon sind Kinder – sie sprechen mit ihrem Vater:
b Vati, gib uns bitte 5 Euro.

c Ich habe euch schon gesagt – nein!
d Aber wir wollen einen Comic kaufen.
e Ihr lest zu viele blöde Comics.
f Ja, aber sie sind lustig.

(page 33)

1 a Ich verstehe mich gut mit ihr.
   b Ich sehe ihn jeden Tag.
   c Das ist mein Buch. Es ist sehr interessant.
   d Wo ist meine Jacke? Ich finde sie nicht.
   e Der Zug hat Verspätung. Er kommt in 10 Minuten an.
   f Ich habe meinen Kuli verloren. Hast du ihn gesehen?

2 a Wir helfen ihnen bei der Arbeit.
   b Diese Schuhe gefallen ihr sehr.
   c Warte mal, Erika, ich sage dir die Antwort.
   d Unsere Schuluniform gefällt uns überhaupt nicht.
   e Ich habe ihm meine Hausaufgaben gegeben.
   f Nein, Mutti, deine Jacke passt mir überhaupt nicht.
   g Herr Krohn, ich möchte Ihnen meine Arbeit zeigen.
   h Also, Kinder, ich erzähle euch eine tolle Geschichte.

3 a Was ist mit dir los?
   b Otto hat einen neue Freundin. Sie ist nicht sehr nett.
   c Er hat ihr eine Halskette gegeben.
   d Hast du etwas für mich?
   e Kannst du mir einen Witz erzählen?
   f Bastian? Ich finde ihn sehr sympathisch.
   g Wie war die Sendung? Ich habe sie nicht gesehen.
   h Frau Herbert, ich möchte mit Ihnen sprechen.
   i Da fährt der Bus – ich habe ihn verpasst.
   j Meine Oma wohnt zur Zeit bei uns.

(page 34)

1 a Ich dusche mich jeden Morgen.
   b Für die Sportstunde ziehen wir uns natürlich um.
   c Thomas und Martin fühlen sich nicht wohl.
   d Thomas legt sich auf sein Bett.
   e Interessieren Sie sich für Volleyball?
   f Meine Schwester zieht sich immer vor dem Frühstück an.
   g Mein Kaninchen freut sich auf den Salat!
   h Das ist besser – ich habe mich schön ausgeruht.
   i Ihr wascht euch am besten im Badezimmer, nicht in der Küche.

2 (direct objects underlined, **reflexive pronouns bold**)
   a Alexander wäscht **sich** die Hände vor dem Essen. – Alexander washes his hands before eating.
   b Kaufst du **dir** eine neue Jeans in der Stadt? – Are you buying yourself a new pair of jeans in town?
   c Heute Abend sehe ich **mir** einen alten Film an. – This evening I'm going to watch an old film.
   d Zum Geburtstag wünschst sie **sich** ein Mountainbike. – For her birthday she wants a mountain bike.
   e Hast du **dir** die Zähne geputzt? – Have you cleaned your teeth?
   f Kämm **dir** bitte die Haare! – Please comb your hair!

3 a Meine Familie interessiert sich für Sport.
   b Ich habe mir einen Hamburger gekauft.
   c Fühlst du dich jetzt krank?
   d Wir haben uns nach dem Spiel geduscht.
   e Habt ihr euch das Spiel im Fernsehen angesehen?
   f Was wünschen Sie sich zu Weihnachten?

(page 35)

1 a Niemand, b jemanden, c jemandem, d niemandem, e Jemand
2 a wen, b Wer, c Wem, d Wen, e Wer, f wem
3 1 c, 2 f, 3 a, 4 h, 5 e, 6 d, 7 b, 8 g
4

der	die	das	die
den	die	das	die
dem	der	dem	denen

(page 36)

5 a Basketball, der ein Sport für junge Leute ist, gefällt mir sehr.
   b Meine beste Lehrerin, die Frau Ohm heißt, unterrichtet Physik.
   c Das blaue Rad, das vorne im Sportgeschäft steht, kostet €1000.
   d Die Olympischen Spiele, die alle vier Jahre stattfinden, sind sehr interessant.

6 a N, b D, c A, d A, e N, f A

7 a 5 – The young people (that) I spoke to are studying foreign languages.
   b 4 – The lady who gave me €20 was very nice.
   c 2 – The girl who sits next to me is very good at German.
   d 1 – The computer we played on yesterday is broken now.

8 a die, b dem, c das, d denen, e die, f der

(page 37)

1 a Ich verbringe ziemlich viel Zeit im Internet.
   b – Wann beginnt der Film?
      – Die erste Vorstellung ist um 19 Uhr.
   c Ich möchte zwei Karten für morgen Abend reservieren.
   d Ich habe dieses Handy letzte Woche gekauft, aber es funktioniert nicht.
   e Ich bin auf den Weihnachtsmarkt gegangen und habe meine Geschenke gekauft.
   f Letztes Jahr haben wir viel gegessen und getrunken und getanzt.
   g Ich werde nächstes Jahr zum Musikfest in Nürnberg fahren.

2 Young Germans speak and write to each other using the informal (familiar) forms:

   du (one person)

   ihr (more than one person).

   Family members also usually call each other du.

   The possessive pronouns for informal 'your' are dein/deine/dein; euer/eure/euer.

   The reflexive forms are: dich (accusative), dir (dative); euch (both accusative and dative).

   When speaking or writing to someone older or not well known to you or in a position of authority, use the formal (polite) Sie form. This is the same for one and for more than one person.

   The possessive pronoun for formal 'your' is 'Ihr' for both singular and plural.

   The reflexive form for the formal Sie is always sich.

3

Inf. sing.	Inf. pl.	Form. sing./pl.
du	ihr	Sie
dich	euch	Sie
dir	euch	Ihnen
dein/deine/dein	euer/eure/euer	Ihr/Ihre/Ihr
dich	euch	sich

(page 38)

1 a Gehst du am Wochenende zur Party?
   b Wann haben Sie diesen Film gesehen?
   c Wie bist du zur Schule gekommen?
   d Bleibt Frau Müller heute zu Hause?
   e Warum hat er sich nicht gewaschen?
   f Wo haben die Kinder ihren Ball verloren?

2 a P, b N, c N, d N, e P, f N

3 a Ich kenne diesen Jungen nicht.
   b Wir haben dieses Buch nicht gelesen.
   c Meine Mutter hat keinen Wagen.
   d Also kann ich nicht mit ihr fahren. / Also kann ich mit ihr nicht fahren.
   e Unsere Sporthalle ist nicht sehr modern.
   f Ich esse dein Stück Kuchen nicht.
   g Wir möchten keine Party zum Geburtstag haben.
   h Ich darf die Ohrringe nicht kaufen/keine Ohrringe kaufen, weil ich kein/nicht viel Geld habe.

(page 39)

1 (modal verbs underlined, **infinitives bold**)
   a Wir wollen am Wochenende Handball **spielen**. – We want to play handball at the weekend.
   b Wann kannst du mir ein Computerspiel **kaufen**? – When can you buy me a computer game?
   c Ich darf im Sommer nach Spanien **fahren**. – I'm allowed to (I can) go to Spain in the summer.
   d Heute soll ich **lernen**, aber ich will nicht. – Today I'm supposed to study (be studying), but I don't want to.
   e Meine Eltern mögen es nicht, wenn ich spät nach Hause komme. – My parents don't like it when I come home late.
   f Ich mag nicht **tanzen**, weil ich nicht gut **tanzen** kann. – I don't like dancing because I can't dance well.
   g Wann musst du nach Hause **gehen**? – When do you have to (must you) go home?
   h Können Sie diese Flaschen bitte zum Recycling **bringen**? – Please can you take these bottles to the bottle bank/recycling container?

2 1 c, 2 f, 3 a, 4 e, 5 b, 6 d
3 open-ended

(page 40)

4

dürfen	können	mögen
to be allowed to	to be able to (can)	to like (to)
darf	kann	mag
darfst	kannst	magst
darf	kann	mag
dürfen	können	mögen
dürft	könnt	mögt
dürfen	können	mögen
dürfen	können	mögen

müssen	sollen	wollen
to have to (must)	to be supposed to	to want to
muss	soll	will
musst	sollst	willst
muss	soll	will
müssen	sollen	wollen
müsst	sollt	wollt
müssen	sollen	wollen
müssen	sollen	wollen

5 a Ich soll heute in die Stadt (fahren/gehen).
   b Ich darf nicht ins Kino (gehen).
   c Sie wollen fernsehen.
   d Kannst du Französisch (sprechen)?
   e Die Lehrer müssen jeden Abend arbeiten.

1 **1** e, **2** i, **3** b, **4** k, **5** h, **6** a, **7** l, **8** j, **9** c, **10** f, **11** d, **12** g

(page 41)

1 open-ended
2 a Der Zug kommt um 14 Uhr in Köln an. – The train arrives in (gets into) Cologne at 14.00 (2 pm).
   b Ich wache immer vor meiner Schwester auf. – I always wake up before my sister.
   c Samstags kaufe ich mit meinen Freunden in der Stadt ein. – On Saturdays I go shopping in town with my friends.
   d Mein Brieffreund packt seinen Koffer aus. – My penfriend is unpacking his case.
   e Am Sonntag bereitet mein Vater das Mittagessen vor. – On Sunday my father is preparing lunch.

(page 42)

3 open-ended
4 **a** S, **b** I, **c** I, **d** S, **e** I, **f** I, **g** S, **h** S
5 a Normalerweise stehen wir um Viertel vor sieben auf.
   b Meine Mutter bereitet unser Frühstück (uns das Frühstück) vor.
   c Ich verlasse das Haus um halb acht.
   d Der Bus kommt ziemlich schnell an der Schule an.
   e Ich bespreche meine Hausaufgaben mit meinen Freunden.
   f Wir verstehen uns gut mit den Lehrern.

(page 43)

1

ich	mich	mir
du	dich	dir
er, sie, es	sich	sich
wir	uns	uns
ihr	euch	euch
Sie	sich	sich
sie	sich	sich

2 sich anziehen — to get dressed
   sich ausziehen — to get undressed
   sich umziehen — to get changed
   sich ausruhen — to have a rest
   sich duschen — to have a shower
   sich erinnern (an etwas) — to remember (something)
   sich freuen (auf etwas) — to look forward (to something)
   sich fühlen — to feel
   sich hinlegen — to lie down
   sich hinsetzen — to sit down
   sich interessieren (für etwas) — to be interested (in something)
   sich sonnen — to sunbathe

3 **1** d, **2** h, **3** b, **4** i, **5** g, **6** a, **7** e, **8** c, **9** f
4 open-ended

(page 44)

5 open-ended
6 **a** D, **b** D, **c** A, **d** D, **e** D, **f** A, **g** A
7 a Ich wasche mir die Hände vor dem Mittagessen.
   b Er kauft sich einen neuen Computer.
   c Wir können uns einen Kuchen leisten. / Wir leisten uns einen Kuchen.
   d Hast du dir die Zähne geputzt?
   e Sie zieht sich einen Pullover an.
   f Ich mache mir Sorgen um meinen Freund/meine Freundin.

(page 45)

1 **1** c, **2** d, **3** a, **4** e, **5** a, **6** f, **7** d, **8** b, **9** c, **10** d
2 **a** ich wohne, **b** du arbeitest, **c** er stellt, **d** sie bürstet sich, **e** es braucht, **f** man macht, **g** wir hassen, **h** ihr mietet, **i** Sie kaufen ein, **j** sie sagen

(page 46)

3 **1** sieht, **2** gibt, **3** weiß, **4** hilft, **5** schläft, **6** läuft, **7** trifft, **8** fahrt, **9** nimmt, **10** verlässt, **11** fährt, **12** Seht

4 1 sprechen, spreche, sprichst, spricht, sprecht, sprechen
   2 helfen, helfe, hilfst, hilft, helft, helfen
   3 essen, esse, isst, isst, esst, essen
   4 halten, halte, hältst, hält, haltet, halten
   5 lassen, lasse, lässt, lässt, lasst, lassen
   6 nehmen, nehme, nimmst, nimmt, nehmt, nehmen
   7 fahren, fahre, fährst, fährt, fahrt, fahren
   8 sich waschen, wasche mich, wäschst dich, wäscht sich, wascht euch, waschen sich
   9 fallen, falle, fällst, fällt, fallt, fallen
   10 einschlafen, schlafe ein, schläfst ein, schläft ein, schlaft ein, schlafen ein

5 a Normalerweise <u>nimmt</u> Wolfgang den Bus, aber heute <u>fährt</u> er mit dem Rad zur Schule. – Normally Wolfgang takes the bus, but today he's cycling to school.
   b <u>Esst</u> ihr jeden Tag etwas in der Pause? – Do you eat something at break every day?
   c Ich <u>wasche</u> mir immer das Gesicht nach dem Essen. – I always wash my face after eating
   d Warum <u>läufst</u> du weg? Es <u>gibt</u> noch viel zu sehen. – Why are you running away? There's still a lot to see.

(page 47)

6 a irregular, **b** *du*, **c** perfect, **d** auxiliary, **e** *haben*, **f** *habt*

7

	haben	to have
ich	habe	I have
du	hast	you have
er/sie/es	hat	he/she/it has
wir	haben	we have
ihr	habt	you have
Sie	haben	you have
sie	haben	they have

8 1 to be, **2** irregular, **3** tense, **4** *ist*, **5** have

9

	sein	to be
ich	bin	I am
du	bist	you are
er/sie/es	ist	he/she/it is
wir	sind	we are
ihr	seid	you are
Sie	sind	you are
sie	sind	they are

10 1 to become, **2** jobs, **3** *du*, **4** future, **5** am going

11

	werden	to become (etc.)
ich	werde	I become
du	wirst	you become
er/sie/es	wird	he/she/it becomes
wir	werden	we become
ihr	werdet	you become
Sie	werden	you become
sie	werden	they become

12 a Hast, **b** sind, **c** wirst, **d** hat, **e** seid, **f** wird

(page 48)

1 a 1, **b** 3, **c** 4, **d** 2, **e** 6, **f** 5, **g** 2, **h** 1, **i** 6, **j** 3, **k** 2, **l** 5, **m** 4, **n** 3, **o** 1

2 (auxiliaries underlined, **past participles bold**)
   a Was <u>hast</u> du gestern **gemacht**? – What did you do yesterday?
   b Ich <u>bin</u> mit Max in die Stadt **gefahren**. – I went into town with Max.
   c Wir <u>haben</u> neue Kleidung **gekauft**. – We bought (some) new clothes.
   d Nach dem Abendessen <u>habe</u> ich Karten **gespielt**. – After dinner/supper I played cards.
   e Wann <u>bist</u> du ins Bett **gegangen**? – When did you go to bed?
   f Gegen 11 Uhr <u>ist</u> meine Mutter ins Zimmer **gekommen**. – At about 11 o'clock my mother came into my/the room.
   g Sie <u>hat</u> „Gute Nacht" **gesagt**. – She said good night.
   h Aber dann <u>habe</u> ich das Buch **gelesen**, das du mir **gegeben** <u>hast</u>. – But then I read the book (that) you gave me.
   i Dieses Buch <u>habe</u> ich sehr interessant **gefunden**. – I found this book very interesting.
   j Heute Morgen <u>habe</u> ich lange **geschlafen**. – This morning I slept for a long time.

(page 49)

3 a getanzt, **b** gespart, **c** gereicht, **d** gemacht, **e** gearbeitet, **f** gemietet, **g** gelernt, **h** gehört, **i** gelebt

4 open-ended

5 a hat … genommen, **b** habe … geholfen, **c** ist … geblieben, **d** hat … gegessen, **e** hat … begonnen, **f** hast … gehalten, **g** haben … gebrochen, **h** seid … gewesen, **i** sind … gefahren, **j** haben … geschlossen, **k** bin … gegangen, **l** hast … geschrieben, **m** hat gestanden, **n** habt … getroffen, **o** ist … geworden, **p** haben … gesprochen

(page 50)

6 **a** bringen – to bring, **b** denken – to think, **c** haben – to have, **d** kennen – to know (people, places), **e** senden – to send, **f** wissen – to know (facts)

7 **a** aufgeräumt, **b** ferngesehen, **c** eingeschlafen, **d** aufgewacht, **e** angezogen, **f** ausgefüllt, **g** mitgekommen, **h** mitgebracht

8 **a** erhalten, **b** diskutiert, **c** verstanden, **d** begrüßt, **e** fotografiert, **f** telefoniert, **g** versucht, **h** probiert

(page 51)

9 **a** sein, gehen, **b** haben, haben, **c** sein, werden, **d** haben, sehen, **e** haben, bekommen, **f** sein, bleiben, **g** sein, aufstehen, **h** haben, einladen

10 **a** sind, **b** hat, **c** habe, **d** Seid, **e** haben, **f** ist

11 (allow different word order if correct)
  a Ihr habt euch jeden Tag in Spanien gesonnt.
  b Wir haben uns für das Konzert angezogen.
  c Hast du dich als Kind für Plüschtiere interessiert?
  d Ich habe mir heute ein neues Hemd gekauft.
  e Nach dem Spiel haben sie sich hingesetzt.

(page 52)

12 **1** past, **2** auxiliary, **3** past participle, **4** *haben*, **5** reflexive, **6** *sein*, **7** place, **8** ge-, **9** -t, **10** -en, **11** stem, **12** Modal, **13** middle, **14** do not

13 **a** ich habe mich gewaschen, **b** du hast gesagt, **c** er hat gemusst, **d** sie ist angekommen, **e** es ist gewesen, **f** wir haben gefunden, **g** ihr habt geliebt, **h** Sie sind geschwommen, **i** du hast dich befunden, **j** ich habe verwendet

14 **a** Wir haben Interviews in der Klasse gemacht.
  b Es hat mir Leid getan!
  c Ich bin nach Paris geflogen.
  d Du hast gute Noten gekriegt.
  e Herbert hat in der Schule später als ich angefangen.
  f Elke hat manchmal im Café gegessen.
  g Die Deutschstunde ist zu kurz gewesen.
  h Ich habe Fremdsprachen gewählt.
  i Du hast dir deine Wahlfächer überlegt.
  j Sie ist Ingenieurin geworden.

15 open-ended

(page 53)

1 **a** er telefonierte, **b** sie sagte, **c** es machte, **d** ich kaufte ein, **e** du antwortetest, **f** man lernte, **g** ihr setztet euch, **h** Sie studierten, **i** wir sparten, **j** sie kriegten

2 **1** e, **2** h, **3** a, **4** f, **5** l, **6** b, **7** g, **8** j, **9** c, **10** k, **11** i, **12** d

3 open-ended **4** open-ended

(page 54)

5 **1** changes, **2** stem, **3** present, **4** weak, **5** *ich*, **6** same, **7** *er/sie/es*, **8** exactly

(page 55)

1 **a** ... vorher hatte sie an der Unit studiert.
  b Er hatte seine Kreditkarte verloren ...
  c Max hatte nicht gemerkt, dass der Bus schon angekommen war.
  d Wir waren so schnell gefahren, ...
  e ... davor hatte ich meistens *Rammstein* gehört.
  f ..., weil sie vor dem Spiel lange trainiert hatten.
  g Früher war ich nie in ein Konzert gegangen, ...
  h ... das hatte ich nicht erwartet!
  i ..., aber ich hatte den Film schon gesehen.
  j ..., weil sie das Wasser nicht getrunken hatten.

2 **a** ich hatte getrunken, **b** wir hatten gespielt, **c** sie hatten sich gewaschen, **d** du hattest verloren, **e** es hatte geregnet, **f** sie war gegangen, **g** ich war geblieben, **h** er war eingestiegen, **i** es war gewesen, **j** Sie waren gefallen

3 **a** hatte, gesagt, **b** waren, angekommen, **c** war, gegangen, **d** hatten, gegessen, **e** hattest, gemacht, **f** warst, gestiegen

(page 56)

1
ich	werde
du	wirst
er/sie/es	wird
wir	werden
ihr	werdet
Sie	werden
sie	werden

2 **a** Hoffentlich werde ich gute Noten bekommen. – I hope I will get good marks.
  b Wirst du nächstes Jahr mit mir Deutsch studieren? – Will you study German with me next year?
  c In den Sommerferien wird mein Freund ein Praktikum bei VW machen. – In the summer holidays my friend is going to / will do work experience with VW.
  d Ihr werdet wie immer mit dem Wohnwagen nach Frankreich fahren. – As always, you will go / be going to France with the caravan.
  e Wenn das Wetter so schlecht bleibt, werden wir nach Hause gehen müssen. – If the weather remains/stays so bad, we will have to go home.

3 open-ended

4 (variations in word order are possible)

   a Nächste Woche fahre ich nach Frankreich. Nächste Woche werde ich nach Frankreich fahren.

   b In den Sommerferien bleiben wir in Schottland. In den Sommerferien werden wir in Schottland bleiben.

   c Nach der Deutschstunde hast du Mathe. Nach der Deutschstunde wirst du Mathe haben.

   d Sie trinkt ein Glas Wasser nach dem Mittagessen. Sie wird nach dem Mittagessen ein Glas Wasser trinken.

   e Nächsten Monat machen sie (macht man) ein Praktikum. Nächsten Monat werden sie (wird man) ein Praktikum machen.

(page 57)

1 **a** Mein Großvater würde nie ins Ausland fahren. – My grandfather would never go abroad.

   b Wir würden den ganzen Abend am Computer verbringen. – We would spend the whole evening on the computer.

   c Ich würde nicht in einem Büro arbeiten. – I wouldn't work in an office.

   d Zu viele Hausaufgaben würden Schüler müde machen. – Too much homework would make students tired.

   e Ihr würdet keine Zeit für Hobbys haben. – You would have no time for hobbies.

   f Würdest du im Winter nach Spanien fahren? – Would you go to Spain in winter?

   g Wer würde 1000 Euro für ein Kleid ausgeben? – Who would pay 1000 euros for a dress?

   h Nach einem Jahr würden Sie uns vergessen. – After a year you would forget us.

2 **a** er würde gewinnen, **b** ihr würdet aufstehen, **c** wir würden uns duschen, **d** es würde kosten, **e** du würdest telefonieren

3 **1** c, **2** e, **3** b, **4** d, **5** a

(page 58)

1 **a** Du musst heute eine Arbeit schreiben.

   b Was werden wir nächste Woche machen/tun?

   c Ich würde mir einen neuen Computer kaufen.

   d Könnt ihr uns nach der Schule telefonieren/anrufen?

   e Im Winter würde sie in die Schweiz fahren/gehen/reisen.

2 **a** zu studieren, **b** aufzustehen, **c** zu verbringen, **d** zu regnen, **e** zu essen

3 **1** d, **2** a, **3** f, **4** e, **5** c, **6** b

4 **a** Er wollte viel Geld verdienen, um eine Weltreise zu machen.

   b Du sollst das sagen, ohne den Mund zu bewegen.

   c Sie darf zum Stadion gehen, um ihre Lieblingsmannschaft zu sehen.

   d Wann hoffen Sie, Ihren Führerschein zu machen?

   e Ohne Deutsch zu sprechen, kann man nicht alles verstehen.

   f Wir haben vergessen, einen Pullover mitzunehmen.

(page 59)

1 **a** Komm herein!

   b Telefonier mal nach Hause!

   c Iss mehr!

   d Sprich Deutsch!

   e Wasch dir die Hände!

   f Schlaf gut!

2 **a** Schreibt eine Arbeit!

   b Lernt Vokabeln!

   c Arbeitet bitte schneller!

   d Macht rechtzeitig eure Hausaufgaben!

   e Seid ruhig!

   f Passt gut auf!

3 **a** Besuchen Sie die Museen!

   b Kaufen Sie in den großen Geschäften ein!

   c Benutzen Sie die U-Bahn und Busse!

   d Füttern Sie die Tiere im Zoo!

   e Sehen Sie sich eine Show an!

   f Trinken Sie im Café Kranzler Kaffee!

4 **a** Seht nicht zu viel fern!

   b Steh früh auf!

   c Seien Sie um 10 Uhr da!

   d Haben Sie keine Angst!

   e Öffne das Fenster!

   f Putzt euch die Nase!

(page 60)

1 **a** Jürgen steht normalerweise ziemlich früh auf. – present

   b Letzten Dienstag hat er den Bus verpasst. – perfect

   c Er hatte seinen Wecker einfach nicht gehört. – pluperfect

   d Er ist zur Bushaltestelle gerannt. – perfect

   e Vielleicht würde er den Bus noch erreichen. – conditional

   f Der Bus war aber schon abgefahren. – pluperfect

    g Er <u>musste</u> auf den nächsten Bus <u>warten</u>. – imperfect + infinitive

    h Am Wochenende <u>wird</u> er sich einen besseren Wecker <u>kaufen</u>! – future

2 **a** Ich stehe samstags spät auf.

    b Sie nimmt ein Bad.

    c Du telefonierst mit einem Freund.

    d Er trifft sich mit ihr.

    e Ihr kauft euch ein Eis.

    f Du fährst nach Hause.

    g Wir sehen ein bisschen fern.

3 **a** Ich bin nach Griechenland gefahren.

    b Wir haben in einem Hotel gewohnt.

    c Das Essen war gut.

    d Habt ihr viele Ruinen besichtigt?

    e Man konnte sich am Strand sonnen.

    f Wir mussten leider arbeiten.

    g Er ist morgens um 4 Uhr angekommen.

4 **a** Ich <u>werde</u> viel Geld gewinnen.

    b Das <u>würde</u> toll sein!

    c Wir <u>werden</u> uns neue Kleidung <u>kaufen</u>.

    d Sie <u>würde(n)</u> lange auf Partys <u>bleiben</u>.

    e Wann <u>würdet</u> ihr <u>aufstehen</u>?

    f Was <u>werden</u> Sie als Beruf <u>machen</u>?

    g Ich <u>würde</u> freiwillig <u>arbeiten</u>.

(page 61)

1 **a** Basel <u>liegt</u> im Norden der Schweiz.

    b Drei Städte in der Schweiz, Deutschland und Frankreich <u>teilen</u> sich den Flughafen.

    c Viele weltberühmte Pharma-Industrien <u>haben</u> ihren Sitz in der Stadt.

    d Die Altstadt <u>hat</u> schöne alte Gebäude.

    e Es <u>gibt</u> viele Besucher im Februar wegen Fasnacht.

    f Alt und Jung <u>feiern</u> bis spät in die Nacht.

    g Man <u>kann</u> jeden Tag große Schiffe und kleine Boote auf dem Rhein sehen.

    h Die Häuser, Wohnungen und Geschäfte am Ufer des Rheins <u>haben</u> einen schönen Blick auf den Fluss.

2 **a** <u>Der Sommer</u> ist meistens ziemlich heiß in Basel.

    b Trotz der Industrie finden <u>wir</u> die Stadt einfach super.

    c <u>Es</u> gibt vier offizielle Sprachen in der Schweiz.

    d In diesem nördlichen Teil der Schweiz spricht <u>man</u> immer Deutsch.

    e <u>Der Schweizer Akzent und einige Wörter</u> sind ganz anders als in Deutschland.

    f Abends haben <u>die Basler</u> eine große Auswahl an Freizeitaktivitäten.

3 **a** Jeden Sommer fahren wir in die Schweiz.

    b In den schönen Bergen gibt es frische Luft.

    c Den ganzen Tag kann man mit Freunden wandern.

    d Nur vom Reisebus sehen viele ausländische Touristen die Schweiz.

    e Für Wassersport sind die wunderschönen Seen sehr beliebt.

    f Nächstes Jahr wollen meine Cousins und ich auf einer Sommerrodelbahn Schlitten fahren.

4 **a** Mein älterer Bruder <u>wohnt</u> seit acht Jahren in Basel.

    b Jedes Wochenende im Winter <u>geht</u> er in die Berge zum Snowboarden.

    c Mit der Bahn und dem Bus <u>dauert</u> die Fahrt etwa drei Stunden.

    d Leider <u>hatte</u> seine Freundin letzten Februar einen Unfall.

    e Sie <u>kann</u> immer noch nicht gut laufen.

    f Meine Freundin und ich <u>wollen</u> nächsten Winter mit ihm snowboarden.

(page 62)

1 **a** Ich arbeite im Sommer mit einer Freundin in einem Freizeitpark.

    b Familien fahren im Sommer mit ihren Kindern an den Strand.

    c Ich kann jedes Wochenende mit meinen Freunden im Park Rollschuh laufen.

    d Mein englischer Brieffreund hat letzten August mit seiner Familie eine Ferienwohnung direkt am Meer gemietet.

    e Wir sind jeden Tag mit dem Rad durch die Stadt gefahren.

    f Ich muss jeden Abend sehr hart im Café arbeiten.

2 **a** Mit ihren Kindern fahren Familien im Sommer an den Strand.

    b Jedes Wochenende kann ich mit Freunden im Park Rollschuh laufen.

    c Eine Ferienwohnung direkt am Meer hat mein Brieffreund gemietet.

    d Mit dem Rad sind wir jeden Tag durch die Stadt gefahren.

    e Jeden Abend muss ich sehr hart im Café arbeiten.

3 **a** In Berlin, der größten Stadt Deutschlands, wohnen jetzt ungefähr 3,4 Millionen Menschen.

    b Meine Schwester studiert seit zwei Jahren sehr hart in der Hochschule in Dortmund.

c Nach Innsbruck kommen viele Touristen im Juli mit Reisebussen.
d Meine Brieffreundin wohnt seit drei Jahren mit ihren Großeltern in Bayern.
e An der Ostsee kann man jeden Sommer Strandkörbe für die Familie mieten.
f Der Physiker Albert Einstein zog 1932 mit seiner Familie nach Amerika.

(page 63)
1 a Bastian isst immer etwas Gesundes, und er fühlt sich viel besser deswegen.
 b Die Stadt Hamburg ist sehr groß, aber sie ist trotzdem sehr freundlich.
 c Ich bin ein paar Mal nach Berlin gefahren, denn die Stadt gefällt mir sehr.
 d Heute Abend gehen wir ins Kino, oder vielleicht könnten wir zum Bowling gehen.
 e Florian lernt jetzt Mathe, aber nächstes Jahr wird er das nicht mehr machen.

2 (suggested answers)
 a aber – Young people nowadays want to earn a lot, but they don't want to work hard.
 b denn – Malena wants to become a vet, for she likes animals so much.
 c aber – At school Karin didn't work much, but as an apprentice she's very hard-working.
 d oder/und/aber – Her brother wants to study sport, or/and/but perhaps he's going into the army.
 e aber/und – He works in a sport centre, but/and he doesn't get any money for it.
 f und – Life in the army can be hard, and sometimes it's very dangerous.

3 a C, b S, c S, d C, e S, f S, g C, h S

(page 64)
4 a Ich esse jede Woche Fisch, weil das gut für die Gesundheit ist.
 b Wir fahren nicht gern Rad, wenn es stark regnet.
 c Ich bleibe noch eine Stunde hier, während du mit Jens nach Hause fährst.
 d Sie schreiben alles deutlich auf, damit wir die Arbeit besser verstehen.

5 a Mir ist schlecht, obwohl ich heute nicht zu viel gegessen habe.
 b Mein Freund ist nicht zufrieden, dass er keine Süßigkeiten essen darf.
 c Alle sind aufgestanden, als er ins Zimmer gekommen ist.
 d Ich warte unten im Wohnzimmer, während er sich für die Party umzieht.
 e Er weiß nicht, ob wir den Bus verpassen werden.

6 a Während die Heizung in der Schule nicht funktioniert, dürfen die Schüler zu Hause bleiben.
 b Obwohl sie heute keine Schule hat, steht sie früh auf.
 c Wenn du nicht aufpasst, wirst du zu viele Fehler machen.
 d Als die Direktorin plötzlich vor uns stand, hatten alle Angst.

(page 65)
1 (main verbs in bold)
 a Sie **hat** mir das Bild zum Geburtstag geschenkt. – neut., acc., sing.
 b Der Kuchen **war** für unsere Gäste. – masc., nom., sing.
 c Unser Auto **steht** jetzt in der Werkstatt. – fem., dat., sing.
 d Unsere Katze **sitzt** auf dem Stuhl. – masc., dat., sing.
 e Ich **fahre** mit diesen Freunden nach Wien. – masc., dat., pl.

2 a Ich liebe das Bild, das sie mir zum Geburtstag geschenkt hat.
 b Wir haben den Kuchen gegessen, der für unsere Gäste war.
 c Die Werkstatt, in der unser Auto jetzt steht, hat eben angerufen.
 d Gehört Ihnen der Stuhl, auf dem unsere Katze sitzt?
 e Ich gebe eine Party für die Freunde, mit denen ich nach Wien fahre.

3 a Er hat mir Blumen geschickt, was mich sehr gefreut hat.
 b Wir haben keinen Saft mehr, was nicht wieder passieren darf.
 c Anja hat eine schlechte Note in Mathe, was kaum zu glauben ist.
 d Der Hund hat deine Hausaufgaben gefressen, was ich unglaublich finde.

4 a Wir machen eine Stadtrundfahrt, die zwei Stunden dauert.
 b Der Bus war sehr unbequem, was mich erstaunt hat.
 c Ich habe mich mit einer netten Dame unterhalten, die aus Dresden kommt.
 d Ich wusste nicht, wo Dresden war, was mich geärgert hat.
 e Die Dame zeigte mir eine Karte, auf der wir Dresden finden konnten.

(page 66)

1 (suggested answers)

a Andrea will sich einen Film ansehen, obwohl sie früh ins Bett gehen muss.

b In der Schule darf man nicht laufen, weil es gefährlich ist.

c Morgen will ich ausgehen, weil das Wetter warm sein wird.

d Malik muss neue Fußballschuhe kaufen, obwohl er es sich nicht leisten kann.

e Herr X möchte Präsident werden, obwohl das nie geschehen wird.

2 a gewusst, abgefahren, b gespielt, hatten, c geregnet, hat, mitgenommen, d gesehen, habt, gewonnen, e gegangen, war, sind

3 a Der Wolf, der die Oma schon gefressen hat, will auch Rotkäppchen fressen.

b Hast du den tollen Computer gesehen, den ich mir kaufen werde?

c Wenn meine Eltern in Berlin angekommen sind, sollen sie mich anrufen.

d Während ihr euch am Strand amüsiert habt, habe ich im Krankenhaus gelegen.

e Was willst du machen, wenn der Regen aufgehört hat?

(page 67)

1 a neununddreißig, zweiundfünfzig, dreiundsiebzig, einundneunzig, vierundvierzig

b (ein)hundertfünfundachtzig

c siebentausendzweihundertachtundsechzig

d neun Millionen achthundertsechsundsiebzigtausendfünfhundertdreiundvierzig

2 a siebzehn Komma fünf Prozent

b drei Komma vier Millionen Einwohner

c neunundneunzig Komma neun Prozent

d siebenunddreißig Komma fünf Grad Celsius

3 a sechzehn Euro vierzig

b siebenundzwanzig Euro achtzig

c ein Euro fünfundneunzig

d (ein)hundertzwölf Franken dreißig

e eintausendfünfhundertsechs Franken fünfzig

(page 68)

1 a der siebte Tag, b in der elften Klasse, c zum zwanzigsten Mal, d das achtzehnte Jahrhundert

2 a mein 16. Geburtstag, b der 44. Präsident, c in der 13. Klasse, d am 12. Mai

3 a ein Drittel, b ein Fünftel, c ein Achtel, d ein Zwanzigstel

4 1 f, 2 d, 3 j, 4 e, 5 i, 6 a, 7 h, 8 b, 9 g, 10 c

(page 69)

1 a Der erste August ist der Schweizer Nationalfeiertag.

b Der dritte Oktober ist der Tag der Deutschen Einheit.

c Der sechsundzwanzigste Oktober ist der österreichische Nationalfeiertag.

d Der siebenundzwanzigste Januar ist Mozarts Geburtstag.

2 a Am vierzehnten Februar.

b Am neunten November neunzehnhundertneunundachtzig.

c Am sechsundzwanzigsten März 1827.

d Vom vierundzwanzigsten bis zum sechsundzwanzigsten Dezember.

e Am einunddreißigsten Dezember.

f (open-ended)

g (open-ended)

3 a Hamburg, den zehnten Mai

b Ulm, den fünfzehnten Juni

c Köln, den einundzwanzigsten Juli

d Wien, den siebten April

e Bern, den dreißigsten September

f München, den achtundzwanzigsten Februar

4 open-ended

(page 70)

1 a drei Uhr fünfzehn – Viertel nach drei

b fünf Uhr zwanzig – zwanzig nach fünf

c sechs Uhr dreißig – halb sieben

d zwanzig Uhr fünfundvierzig – Viertel vor neun

e neun Uhr fünfzig – zehn vor zehn

f dreiundzwanzig Uhr zehn – zehn nach elf

2 open-ended